MW01609697

SEINS

Collection dirigée par Hubert Nyssen et Sabine Wespieser

© André Dimanche, 1992
pour la traduction française

ISBN 2-7427-0218-0

Illustration de couverture :
Ecole française, *Dame à sa toilette* (détail), fin du XVIᵉ siècle
Kunstmuseum, Öffentliche Kunstsammlung, Bâle

RAMÓN GÓMEZ DE LA SERNA

SEINS

traduit de l'espagnol et présenté
par Benito Pelegrin

BABEL

La première édition de cet ouvrage est parue en Espagne en 1917. Quelques extraits, traduits par Valery Larbaud et Mathilde Pomès, ont été publiés en France sous le titre : *Echantillons*, chez Grasset, coll. "Les Cahiers verts", sous la direction de Daniel Halévy, en 1922 ; d'autres extraits, traduits par Jean Cassou et illustrés par Pierre Bonnard, sont parus dans *les Cahiers d'aujourd'hui*, sous la direction de George Besson, en 1924. Une sélection de ces traductions a fait l'objet d'une publication en 1986, dans le cadre de la collection "Ryôan-Ji", accompagnée d'une préface de Florence Delay. L'édition proposée par André Dimanche en 1992, et qui présente le texte dans son intégralité est ici reproduite.

COMME ON CONNAÎT LES SEINS…

Comme on connaît les seins, on les honore, on les adore. Ce livre d'un adorateur est à l'honneur de tous les seins. Un calendrier ne suffirait pas pour donner à chaque sein sa juste place ou date dans ces éphémérides de l'éternité : singuliers, fragiles et éphémères, les seins sont la permanence de la Femme, mais aussi son attribut le plus sujet à l'irréparable outrage du temps : ils naissent, pointent, bourgeonnent, éclosent, s'épanouissent, se fanent et sèchent et, plus que les fleurs dont ils arborent souvent les qualificatifs, ils sont le symbole fascinant et tragique de la caducité de la vie humaine : *Mignonne, laisse-moi voir si la rose…* Pareils aux fruits, auxquels ils empruntent aussi dessin, forme et consistance autant que nourricière vertu, pendant ou tombant de l'arbre de vie, pommes ou poires, verts, mûrs ou blets, ils ont leur saison, leur jour, leur heure. Ils sont du matin, du soir, de la nuit : du jour – ou de la journée de la vie qui a aussi ses heures, ses saisons.

En sorte que cette longue litanie des seins, autant qu'hagiographique calendrier avec ses célébrations, ses fêtes, ses rituels et son quotidien pourrait être aussi un livre d'heures des seins ou, plutôt, un *manuel* des seins, tant ils appellent la main, prête à manipuler, preste à manier, à en tourner les feuilles, le doigt humecté de salive pour n'en pas effeuiller trop vite les pétales des pages, le rosaire.

Si l'on ne sait à quel sein se vouer, il suffit de consulter le bien nommé *index* de ce Livre des seins (qui a tout d'un chapelet) ou de l'ouvrir au hasard comme le Livre saint, la Bible, pour que la maternelle Providence vous indique et guide sur le sein à rêver ou révérer.

Il n'y a pas à le cacher d'un mouchoir par-dessus : Ramón Gómez de la Serna (1888-1963) nous montre ici plus d'un sein que les tartufes ne sauraient voir, eux plus soucieux de la dentelle externe de la dévotion que des formes intimes du culte des seins.

Si l'incrédule, l'incroyant n'en veut pas croire ses yeux et se rendre à l'évidence tangible de la matière profondément religieuse de ce Livre des seins, il lui est néanmoins loisible de le goûter en profane et athée et d'en tâter et sonder les terres vierges et inconnues, de longer les rives et les dérives de ces continents émergés ou immergés de la Femme.

Car ce Livre des seins, aussi géographique qu'hagiographique, est aussi un livre de voyage : Ramón, renouant à sa façon avec le geste hispanique de la découverte, novice conquistador des deux hémisphères, traque ici l'infini, l'Eldorado de ce nouveau Jardin des Hespérides aux mythiques fruits d'or : *"L'île aux Seins"*, sinon l'île de Sein, les seins répertoriés des quatre points cardinaux accréditent assez la thèse exploratrice.

En somme, dans cette longue addition de seins, le globe, la sphère, les deux hémisphères aboutissent à cette paradoxale planisphère, à cette mise à plat de la rondeur des seins, couchés sur les beaux draps de la page blanche du livre qu'on lit, carte du Tendre plus exotique qu'érotique.

DU NOM DES SEINS

Dans cet étourdissant tour du sein en plus de quatre-vingts chapitres – car il ne s'agit pas ici d'absurdes et froids records de vitesse pour parcourir le globe en voyageur pressé ou jouisseur précoce mais, au contraire, d'en goûter, en toute précautionneuse lenteur et langueur, la savoureuse topographie, comme Colomb devant la terre inconnue ou Adam au premier jour du monde –, on croirait que notre explorateur se trouve face à l'obligation de nommer ces choses dont il reconnaît la variété et l'infinité : "Les seins sont différents dans chaque nation, dans chaque partie du monde. Il faudrait un studieux et voyageur Humboldt pour s'épuiser dans cette difficile étude comparative."

Mais il n'est pas le savant voyageur, il n'est pas Colomb et encore moins Adam, qui, chacun à leur façon, nommèrent, donnèrent nom pour mettre de l'ordre dans le chaos accumulatif des choses neuves qui s'offraient à leur vue. Pour dire ces seins infinis dont il tressaille et nous assaille, Ramón use et abuse d'un vocabulaire élémentaire et essentiel : le sein n'est que le sein, il est rarement "buste" ou "tétins". Les seins ne sont ni mamelles ni tétons, gorge ou poitrine ; encore moins nibards, roberts, lolos, nichons, etc. Le sein est le sein, rien que le sein, le sein toujours recommencé, toujours le même, fondamental, primaire, maternel sans doute, alimentaire à coup sûr.

En effet, au lieu d'en varier la nomenclature, au lieu de faire une taxinomie, une classification de ces seins aussi innombrables qu'innommables, plutôt que d'user de synonymes, quand il ne ressasse pas le mot "seins" ou le pronom "ils", Ramón préfère user de métaphores – manière d'en évoquer la concrète substance plutôt que l'abstrait substantif. L'attribut du sujet semble davantage lui complaire que le sujet lui-même.

De manière que les seins nourriciers, fruits ou légumes, sont, tour à tour, figues fraîches, figues sèches, grappe verte ou mûre, pastèques, melons, calebasse (on note l'absence de pommes et de poires), laitues, oignons dans leur matérialité brute. Ou bien, travaillés par l'industrie des hommes ou des abeilles, ils sont une dérivation végétale comme la compote, ou une quintessence comme le miel. Le produit brut se factorise également en *"boîtes de conserve"*, heureuse provision et providence de cette manne céleste pour des jours de possible disette. Plus étrangement, hors du sain régime végétarien, les seins peuvent agrémenter un menu carné de leurs *"daurades"*. Plus logiquement, en complément alimentaire, ils peuvent être lait, mais sous forme seconde, *"lait condensé"* ou *"cascade crémeuse"*.

Mais, ainsi que la vertu, le vice des seins a ses degrés et ses métaphores : boutons près d'éclore ou bourgeons qui ne passeront pas la promesse des fleurs, les seins peuvent être arides, à rides, avides ou boutons maladifs, verrues exsangues, yeux de monstre, cataplasme, vieilles chaussettes, sacs à ouvrage, étui de Bible puritaine, lanternes et phares d'automobiles – s'ils sont par ailleurs perles, balles, pelotes, tirelire, castagnettes, grands pendants d'oreilles ou même bulles de savon.

LITANIE DES SEINS

Dans l'écriture de Ramón règne la métaphore (ou la périphrase qui tourne autour de l'objet innommé), façon de substituer à un objet un autre, de dissimuler un nom sous l'image ou l'attribut. Mais moins, cependant, que la comparaison, manière de rapprocher un terme d'un autre, de faire connaître l'inconnu en le rapprochant du connu : le sein est toujours *"comme"* quelque chose d'autre. Ce qui veut dire, en fin de compte, qu'il demeure toujours inconnu et que, même en s'y prenant à deux mains, on en fait difficilement le tour : même serré au plus près, le sein reste incernable sinon indiscernable, insaisissable. On en peut varier les figures : seins en marche, en danse, au travail, au repos, pendants ou repentants, en deuil, en berne, en cernes ; on en peut multiplier les postures : tombants, couchés, reposés, soutenus, penchés sur leurs manchons, les seins, malgré tout, restent tels qu'en eux-mêmes, si pleins de sens qu'on en interrogerait à l'infini le signifiant sans en épuiser jamais la plénitude profonde du signifié.

On sera sensible, en effet, à la récurrence de la sensation de plénitude tirée de la vue et de la vie des seins, exprimée ici, jusqu'à plus soif par le quantificateur "pleins de…", qui appelle peut-être le désir d'effraction, fondamentalement enfantin et masculin, de pénétrer, de percer le secret féminin, le ventre de la mère. Mais ce sein, ou ce ventre, ou cet utérus renvoie sans doute, obscurément, à la féminine boîte de Pandore, qui renferme tout le mal et le malheur du monde :

"Il y a des seins pleins de calme. Il y a des seins pleins de douleur. Il y a des seins pleins de passion. Il y a des seins pleins de divorce. Il y a des seins pleins de calamités. Il y a des seins pleins de poison. Il y a des seins pleins d'énervement. Il y a des seins pleins de larmes. Il y a des seins pleins de nuit. Il y a des seins pleins de surprises. Il y a des seins pleins de charité. Il y a des seins pleins d'adultère. Il y a des seins pleins d'or amassé. Il y a des seins pleins d'hypocrisie. Il y a des seins pleins de compote maison. Il y a des seins pleins de pédanterie.

Il y a des seins pleins de plombs de chasse. Il y a des seins pleins de petites médailles de la Vierge. Il y a des seins pleins de menue monnaie. Il y a des seins pleins de noirceur sous leur surface blanche. Il y a des seins pleins d'air comme les ballons."

Et tant et tant de seins encore.

Ce passage est révélateur tant du dessein que du dessin de l'écriture des *Seins* de Ramón : à matière inépuisable, intarissable écriture. L'auteur a beau jeu de s'octroyer l'exorbitant blanc-seing de faire le tour de la palpitante question ; il est obligé de convenir de la limite de ses moyens devant l'infinité de l'objet : en l'absence de figures de la "gémellité", de la dualité, de la duplication (dont je m'amuse ici) pour dire le double volume des seins, si la figure rhétorique de l'exagération, l'hyperbole, dit l'hypertrophie du sein, leur abondance démesurée, quelles autres figures que l'énumération, l'accumulation, avatars divers de la répétition, peuvent exprimer cet inépuisable sujet ?

Les seins, toujours différents et toujours semblables, sont presque forcément exprimés par l'anaphore, cette répétition de la même formule en tête de phrase donnant à ce passage son caractère de litanie qui, sans être formellement le style de tout ce Livre des seins, en est comme le dessin général, chaque chapitre sur les seins, ces seins inlassablement répétés, jouant, au niveau global de l'œuvre, le rôle d'une phrase de la litanie. Et il y a la litanie dans la litanie :

Seins des repasseuses… Seins laborieux, "seins où est très fort serrée l'économie du plaisir, seins qu'elles écrasent contre la planche à repasser (…) seins qui titillent et chatouillent les poitrines masculines des plastrons, seins vifs et enchanteurs".

Et la répétition dans la répétition d'une œuvre forcément répétitive.

Bien sûr, dans cette inlassable et inclassable accumulation d'objets, fussent-ils des seins, on peut retrouver l'instinct de collectionneur de l'auteur du *Rastro* – le marché aux puces madrilène –, l'esthétique du fatras dont il fut plus le praticien que le théoricien et qui réussit à faire, avec un désordre systématique, un vrai capharnaüm des lieux qu'il habita, à grand renfort de bibelots invraisemblables, de cartes postales et autres objets insolites ou incongrus. Son œuvre est délibérément à cette image : polygraphe et polymorphe, hétéroclite et hétérogène, bric-à-brac de bric et de broc mais avec, pour facteur commun à tous ses textes, une volonté affichée de spontanéisme stylistique, de caprice thématique, d'informalisme antidiscursif, œuvre qui rajoute toujours et ne retranche jamais, avec un refus net de toute sélection, de toute amputation.

Œuvre toujours clos par accident, par contrainte matérielle plus que par nécessité intime ou formelle de l'auteur. Ramón, à qui son père offrit une revue, *Prometeo**, où il fit paraître la moindre de ses

---

* La revue *Prometeo*, financée par son père, parut régulièrement de 1908 à 1912. Ramón remplissait majoritairement de ses écrits toutes les livraisons. Des tirés-à-part de ses essais, qu'il se contentait de relier, il faisait des livres qu'il distribuait gratuitement, se faisant connaître de la sorte du milieu littéraire

"divagations", s'est employé, toute sa vie, à tout publier de ce qu'il écrivait – et il écrivit toute sa vie. Ce forçat et forcené de l'écriture a passé presque toute son existence à sa table de travail, plume à la main. C'est dire que sa vie, littéralement plus que littérairement, est dans son œuvre, dans ses écrits, moins parce qu'ils seraient autobiographiques, au niveau anecdotique, que parce qu'ils sont une bio-graphie totale : sa respiration, son souffle vital.

Comme tous ses livres, le Livre des seins est donc écrit à la va-comme-je-te-presse. Mais quel oppressant besoin pousse cet homme de cabinet à cette exploration, faussement en chambre, de l'uni-vers des seins ? Sans nous demander si l'obscure pulsion, forcément libidinale, de l'écriture choisit un objet clairement libidineux, je préfère retenir cette sorte de pulsation vitale, cette vitesse d'écriture souvent vicieuse : sans sélection, sans suppressions, sans classification. On devine qu'il ne se sent pas le cœur d'abandonner le corps délicieux du délit : il ajoute, en rajoute, postfaces, additions, variations, il procède par greffes successives et jamais par abla-tions. Toujours plus, toujours... "plus ultra" (comme proclame l'un de ses premiers manifestes, en 1905) : métaphores outrées, outrage de l'outrance, ou

madrilène. Mais il publia également des textes de jeunes auteurs espagnols et d'écrivains français qu'il connut à Paris et qui le firent connaître en France, comme Valery Larbaud, Remy de Gourmont, Francis Jammes, Colette, etc. Il publia dès 1909 le *Manifeste du futurisme* de Marinetti, qui répondait à beau-coup de ses aspirations esthétiques.

hommage indéfini que cette ronde des seins qui pourrait faire le tour du monde si tous les hommes y prêtaient la main ? Je dirais qu'il y a ici, confusément, dans son brut jaillissement, dans une rudesse qui se refuse le temps du polissage, une ou plusieurs modalités du baroque.

D'abord, une apparence de fouillis (faux dans le baroque mais indubitable chez Ramón), puis un refus de séparer les genres, le sublime et le bas, ou le grave et le burlesque. En effet, si le classicisme sélectionne, ordonne, classe (coupe, châtre, disent certains), préfère montrer les bons côtés, les beaux profils, présenter, enfin, les bons, beaux morceaux choisis, ici, à l'évidence, même les bas et les mauvais sont pris en compte – prix du conte qui n'est pas forcément de fées, s'il n'exclut pas les sorcières.

Ensuite, loin d'être un catalogue raisonné, clairsemé de métaphores raisonnables, le Livre des seins semble un inventaire fou, semé, parsemé de métaphores délirantes, sidérantes, filantes plus que filées, qui fusent et se refusent, éclatent et s'éteignent dans l'instant, prolifération monstrueuse d'images qui en arrivent à voiler l'objet.

C'est dire que nous sommes bien dans l'univers fondamentalement baroque de la variation : le texte a un prétexte de départ mais, de digressions en variations, on en oublie souvent l'origine et l'on perd le sentiment d'une arrivée. D'ailleurs, quelle arrivée ? C'est le caractère de l'œuvre non close que de promettre une fin sans cesse différée : on peut indéfiniment varier la variation, la variation est potentiellement et exponentiellement infinie. Attribut essentiel, pour moi, du baroque : avec des moyens finis dire l'infini dont nous éprouvons le vertige. Le baroque repose sur la variation du même, du semblable (multiplier l'identique est le rêve du classicisme, épris de fixité). Le baroque se voue à un infini toujours mouvant ; le classicisme se cloue à une immobile éternité.

Le baroque, c'est donc ce rêve – ou cette folie – de vouloir épuiser ses possibles. Prométhéenne entreprise, car on peut ajouter du mot aux mots, des phrases aux phrases sans atteindre jamais l'infini total de la Parole, du Verbe. Ramón ne cesse d'empiler livre sur livre. Ici, comme d'autres enfilent des perles, il enfile des seins et nous dit qu'il pourrait les filer à l'infini ; et l'on sent, chez lui, ce rêve de s'épuiser à apurer et tarir cette source pérenne de parole ; d'en dessécher, d'en disséquer le sens ou l'insondable fond.

Quand il nous propose une telle variété de seins, on sent combien Ramón serait affligé de l'uniformité plus clinique que classique qui guette aujourd'hui les seins soumis au même moule, aux mêmes canons, à la mode, les seins passe-partout, interchangeables, à la beauté fabriquée, identiques en leur perfection mais sans identité, aussi anonymes que "personnalisés" par la chirurgie, seins friqués, trafiqués par des opérations aussi bancaires qu'esthétiques.

Si le Verbe se fit chair, dans un certain type d'œuvres baroques, chez Quevedo ou Gracián par exemple, c'est l'inverse qui, ici, se produit : à devenir écriture, la réalité s'estompe et le corps se désincarne pour se transmuer en verbe.

Le même processus de déréalisation baroque préside à d'autres œuvres de Ramón. Dès 1911, dans un essai, *le Mystère de l'Incarnation*, c'est son corps qu'il prend, littéralement, pour "objet" de son étude : cheveux, front, yeux, nez, joue, bouche, gorge, main, cœur, etc., sont tour à tour observés, décrits tels des objets, abstraction faite de toute psychologie ou d'intimisme physiologique. De très loin, il anticipe sur la fameuse "école du regard", objectale, du Nouveau Roman. La même année, dans *Alma*, "Ame", c'est le démontage pièce à pièce du corps de la femme, en un texte bien éloigné des traditionnels "blasons" du corps féminin. Bien avant Ortega y Gasset, Ramón avait senti la caractérisque moderne de l'art : la "déshumanisation", la perte de l'humain au profit de l'abstraction, du pur jeu des formes. Et avait là-dessus bâti une partie de son esthétique.

Aussi serait-il vain d'espérer en ce livre, malgré le vif du sujet, une vraie chair, joyeuse ou triste. En l'occurrence, il y est plus question de carnation que de carnalité, plus de sens que de sensations et, surtout, que de sensualité. Explicitement, "les seins du style", savoureux, sont préférés aux seins réels à "saveur de terre". Ce licencié en droit n'est guère licencieux ès femmes et cette longue rubrique est tout sauf lubrique. Comme on l'attend au tournant, il le dit sans détours :

"… Je sais que je n'ai pas composé un livre exagéré sur un sujet quelconque, ni un livre lubrique. Je sais que j'ai écrit un livre de litanies pleines de sens, dans lequel la diversité a été plus mon propos que le style, sur la forme la plus pure et la plus sacrée, sur l'ostensoir que j'ai arraché aux femmes banales pour le mettre dans un livre, pour qu'en puissent jouir ceux qui craignent la contagion et la saleté, un livre pour les ermites dont les âmes et les mains sont pures et le demeureront."

Le Livre des seins n'est donc ni malsain ni malséant et prétend même avoir un saint propos. Transformer le sein en ostensoir, éradiquer de lui le corps impur de la femme est bien un dessein purificateur. Les seins sont bel et bien réduits à une chose, balcon orné de dentelles sur lesquels se penchent les femmes plus que les hommes ne s'y épanchent. Bien souvent, d'ailleurs, on les voit s'émanciper, se détacher de leurs maîtresses, tomber au sol ou bondir en l'air, libérés de la sujétion du corps de la femme, ayant alors conquis une indépendance et une autonomie d'objet singulier et autosuffisant.

Faut-il y voir une plaisante marque d'époque – l'ouvrage paraît en 1917 – prémices à ces années folles où le sein des garçonnes se libérera du carcan des corsets et des soutiens-gorge ? Signe, peut-être, qu'à pouvoir être ainsi exhibés ils sont moins lourds sexuellement, qu'ils ont perdu de leur charge érotique avec leur mystère, tout comme les seins malheureusement nus de nos plages asexuées. Dans ce cas, consciemment ou non, Ramón dresserait un pieux musée d'un érotisme enfui. Ou enfoui.

Est-ce à dire que tout érotisme est évacué de l'ouvrage ? Bien sûr que non : il colle à la peau du sujet, même réduit à l'objet. On le chasse et il revient au galop. Mais il est vrai que la sensualité est, dans ce livre, plus dite, et encore en passant, que réellement montrée :

"Il ne pourra qu'être sensuel, inévitablement sensuel, sensuel jusqu'à la mort, sensuel avec insistance à cause des seins qui sont la sensualité dans toute sa densité."

Mais tant de répétitions pour dire la sensualité n'en font pas une seule bonne image pour la donner à voir ou à vraiment sentir. On remarquera que, dans cet amoncellement vertigineux de seins, si les situations érotiques abondent (femmes avec leurs fiancés, maris ou amants), la signification charnelle directe est gommée. Dans ce faux catalogue donjuanesque de plus de mille et trois seins à faire rêver plus de mille et une nuits, on ne titille pas, on ne pelote pas, on ne tripote pas, on ne suce pas les seins – sauf le Serpent. On les "touche" essentiellement, on les "presse" éventuellement ; sans plus. C'est tout juste si on les palpe : mais cette palpation n'est guère palpitante puisque ce sont des aveugles qui tâtent à tâtons des seins qu'ils ne sauraient voir, comme si le prix d'un attouchement plus audacieux devait se payer d'un manque à voir. Significativement, le plus grand bonheur du "voleur de seins" est d'éclairer d'une lanterne "sourde" (qui voit mais n'entend pas !) le sein d'une femme endormie, "image parfaite", et de repartir, sans y toucher. Bref, on regarde mais on ne touche pas, ou on touche vraiment mais l'on ne voit plus. Les seins, chez Ramón, ne sauraient être goûtés dans leur plénitude charnelle : couleur, odeur, saveur, chaleur et consistance.

MAMMAIRE, MA MÈRE

Symptomatiquement, l'attitude ouvertement érotique se donne dans le décalage de la métonymie. Ainsi, le "chatouillis qui blesse les poitrines viriles". Il ne s'agit pas là des poitrines de chair mais des plastrons amidonnés, belle et raide cuirasse contre les mollesses vivifiantes du contact réel des épidermes. Ou bien il y a, posé, l'écran, au sens psychanalytique du terme sans doute, entre la réalité évoquée et sa réalisation par l'écriture, le déguisement ambivalent de la métaphore, d'autant plus criante que probablement involontaire, telle cette "giclée d'amidon" des repasseuses qui connote oniriquement, certes le lait du sein, mais le "lait", aussi, de la semence jaillie du plaisir masculin, selon sa familière appellation en espagnol. L'assimilation du lait et du sperme est si forte en Espagne qu'un même mot désigne la succion jouisseuse du sein et celle du sexe masculin : *"mamar"*, "téter". D'où le trouble d'entendre un aveu de la sorte, comme jailli, dans un éclat de lumière, d'obscures profondeurs :

"Te mamé hasta la leche de la madre que te parió." ("Je t'ai tété jusqu'au lait de la mère qui t'a mis au monde.")

Dans les deux cas de succion, de tétée du lait féminin ou masculin, c'est bien une remontée obscure vers les origines de la vie qu'effectue le sujet suceur. Un retour vers la Mère.

Voilà sans doute pourquoi, ici, c'est à peine s'il est question d'enfant au sein. Le texte tisse un voile pudique sur la fonction primordiale des seins, cet allaitement qui charge d'un symbolisme trop ouvertement érotique une mère espagnole qu'on ne saurait concevoir que chaste, sinon vierge et conçue sans péché. Ainsi cette bourgeoise qui cache d'un mouchoir le sein de la tétée, ou l'auteur qui détourne la tête pour ne pas imaginer cette volupté.

Mais il est intéressant de noter l'obsédante présence des *pezoneras*, ces embouts pharmaceutiques de caoutchouc qui servent à préserver de l'infection les mamelons des femmes blessés par un vorace nourrisson ou par d'inutiles montées de lait lorsque l'enfant est sevré. Comme si, à travers Ramón, confusément culpabilisé de l'incestueux allaitement, l'enfant se vengeait de sa mère et de cette indécente fusion et effusion de la tétée en la mordant – ou comme si elle se punissait elle-même de l'en avoir privé.

En tout cas, et étrangement, il ne semble pas y avoir d'allaitement heureux dans ce Livre des seins ;

s'il apparaît, il est marqué d'une blessure, d'un stigmate par ce préservatif du mamelon, par la pauvreté nourricière du lait des mendiantes et la saleté repoussante de leurs seins. Est-ce hasard ? Ce sont, dans une église, les "seins de la Vierge maternelle", "gonflés de lait", qui causent le seul "plaisir de l'enfant" – couple naturellement au-dessus de tout soupçon érotique de Marie et de Jésus. Tous les Enfants Jésus d'une autre église s'abreuvent aussi innocemment à un même sein prodigue. En revanche, "pauvres gosses que ceux qui cherchent vainement le sein de leur mère". A part, donc, la Vierge, ici on allaite (si l'on n'enfante pas) dans la douleur. Et l'enfant partage la douleur, peut-être punition d'un même péché. Quant aux nourrices, mères de substitution, elles ne sont que méprisables proies pour la lubricité de bas étage de soldats désœuvrés et douteux, "avec la répugnante épaisseur de leur sève villageoise".

Les seins qu'arbore la femme ne renvoient, paradoxalement, que rarement à la maternité. On pourrait alors penser qu'ils la livrent entièrement au sexe, à la luxure. Exemple éclairant, la lune, "grande Sapho voluptueuse", paraît aller dans ce sens. Mais on peut se demander si, au contraire, dans cette blanche et froide lune qui est aussi Diane chasseresse, symbole de virginité, si dans ce redoublement féminin de Sapho et de Diane, la suggestion d'amours lesbiennes n'est pas un rempart contre une sexualité masculine plus agressive, perçue comme moins pure. Le saphisme comme forme relative de chasteté ?

Dans tous les cas comme défense contre la maternité, elle qui naît de la profanation de la virginité originelle de la femme par le mâle.

Cette fixation sur les seins, ce regard fixe sur les seins, symbole fatalement maternel, en arrive à escamoter la femme et, évidemment, son sexe. Rien d'étonnant à ce qu'on trouve, dans ce texte, apothéose des seins, une femme toute seins mais qui est "la femme sans sexe". A cette évocation par l'absence du sexe de la femme correspond la prolifération mammaire de la géante ; ses seins surabondants comme des montagnes répondent à un sexe inverse qui est "un abîme immonde et dangereux".

C'est dire que, occulté le sexe de la femme, il ne reste guère plus de place pour la réalité de son corps. C'est d'ailleurs là l'un des reproches que fera à Ramón Natalie Barney, symbolique "Amazone", se référant à ces femmes qui se mutilaient les seins pour pouvoir tirer à l'arc, méprisant de la sorte un attribut secondaire de la féminité auquel l'auteur semble, lui, vouloir réduire toute la femme.

Etrange évocation de la physiologie féminine dans ces femmes en habit rouge, "ce rouge sombre de leurs tragédies intimes", belle image et périphrase pour ne pas dire la réalité de leurs menstrues. A la robe rouge de sang de la femme semble répondre le plastron de l'homme, blanc de la giclée d'amidon : dans les deux cas, un transfert métonymique d'une réalité intime voilée. Les flux vitaux ne se rencontreront pas, ici ; pas de rencontre des humeurs ni même de deux épidermes : ils demeurent protégés l'un de l'autre par la carapace des vêtements. Et si un liquide, "ardent de désir", "se répand de plaisir sur leur peau", les seins "en restent rougis, irrités et cuisants sous le liquide"… qui n'est que de la teinture d'iode : comme dans le cas du bébé mordeur, le plaisir de l'un se paie de la douleur de l'autre.

MIRACLE DE LA MULTIPLICATION DES SEINS : DU FRAGMENT A L'OBJET

Ainsi, donc, la femme se trouve réduite à ses seins. Est-ce la partie pour le tout, la synecdoque de la rhétorique ? Les seins renvoient-ils inévitablement à la femme ? On en doute : les seins de Ramón sont autonomes ; semblent, souvent, avoir si bien largué les amarres du corps de la femme que, voyants objets du désir, ils agissent pour leur propre compte. Si les objets inanimés ont parfois une âme, ceux-ci, devenus sujets, sont possédés, de plus, d'une grâce qui n'est pas simplement matérielle. Le désir s'épure à se séparer de sa réalité charnelle, comme les seins se dignifient en se coupant du substrat érotique du sexe de la femme. Rien d'étonnant à ce qu'une telle pureté dispense même de l'épreuve de l'impudeur : les seins sont "si purs qu'on n'éprouve pas le besoin de les toucher".

Les seins ont beau se multiplier, additionnés ils ne font qu'une seule figure concrète de femme ; et toutes les voluptés qu'ils procurent ne font, mises ensemble, pas une seule jouissance sexuelle complète.

On peut voir de la perversion dans ces moyens (préliminaires du plaisir) transformés en fin. Ou du fétichisme dans l'adoration de ces morceaux choisis de la femme, dans cet "objet partiel", au sens analytique du terme.

Mais ce fétiche a, naturellement, des vertus bénéfiques. On n'a pas oublié ses attributs nourriciers, sa plénitude : plein de lait condensé, de crème fouettée, de compote, d'argent. Considéré au niveau profane ou païen, le sein, chez Ramón, est bien un fétiche. Mais, si l'on tient compte du paradigme chrétien qui traverse le livre, la valeur religieuse qu'il donne humoristiquement au sein ("ostensoir", forme pure et sacrée offerte aux pieux ermites), il faut convenir que ce qui est fétiche pour un païen est relique pour un chrétien : la relique est un reste, un objet partiel vénéré de quelque ancienne idole fragmentée ou de quelque saint déchiqueté.

Et ici, idole païenne ou Vierge fusionnent en la grande image – absente mais obsédante dans ce texte – de la Mère. Ce sein qui répugne au sexe et qui le répudie, affranchi de la pesanteur charnelle de l'érotisme, renvoie au corps de la Mère. Souillé par la profanation du Père, le corps de la Mère recouvre une sorte de pureté, de virginité dans la maternité : la Vierge à l'Enfant. L'enfant est bien celui qui rend au corps de la Mère souillée toute sa pureté, qui, dans certaines croyances méditerranéennes, la garantit, tant qu'il est au sein, de tout autre souillure. N'est-ce pas un infini rempart moelleux de seins abstraits que Ramón offre de la sorte, et inconsciemment, à cette obscure image de la Mère, fragmentée dans les multiples éclats de ce vaste miroir brisé qu'est son livre, le plus charnu et le moins charnel à la fois ?

Notons que si, concrètement, c'est à peine si l'enfant au sein est présent dans ce texte – pour de confuses raisons que j'ai essayé de démêler plus haut –, une chose est certaine : le rapport le plus insistant de l'homme aux seins dans ce livre est qu'il "les prend". On peut attribuer cette monotone répétition à l'informalisme têtu de l'auteur, qui ne se préoccupe pas de corriger sa spontanéité et de retarder son flux d'écriture. Mais c'est sans doute lorsque l'écriture est la moins maîtrisée, à la limite d'un automatisme surréaliste (que Ramón anticipe, en quelque sorte), qu'elle parle le plus, en vérité : de façon obsédante, en ce livre, l'homme *prend*, littéralement, le sein. Comme l'enfant, qui n'attend pas qu'on le lui donne. La Mère, l'Enfant, les deux figures : le couple pratiquement absent au niveau manifeste du texte, mais omniprésent derrière les mots. La sexualité y est sensiblement évacuée, sans doute parce qu'elle élimine, par la même occasion, la figure gênante du Père, obstacle entre la Mère et le Fils.

Ramón a dix-neuf ans lorsqu'il perd sa mère, en 1907. Son père lui offre, l'année suivante, une revue où il pourra s'exprimer à sa guise. La même année, le jeune homme commence une longue liaison avec Colombine, une femme de lettres de dix ans son aînée qui le "maternera" et facilitera son travail d'écrivain. Ainsi, le père vivant offre au fils l'écriture, le style, le stylet de l'Œdipe meurtrier qui lui donnera accès au corps purifié de la Mère morte après avoir tué symboliquement le Père, tandis que la femme vivante, mère et amante, concrétise et sublime à la fois l'inceste primordial des rêves masculins.

Et c'est peut-être là la vérité profonde de ce ressassement textuel sur le même thème : l'écriture est intarissable, comme est inépuisable l'abondance de la Mère nourricière, vaste idole aux seins innombrables. La quête du sein est sûrement la recherche de la Mère perdue, du Paradis enfantin dont nous chassa notre péché. On ne s'étonnera pas que, dans ce livre, réchauffé entre deux seins, se niche le Serpent, avide de voler à l'enfant la vitale tétée. On ne sera pas surpris de la conséquence originale que Ramón attribue à la faute originelle : la chute du sein ! Depuis le péché d'Eve, en effet, les seins n'ont cessé de perdre leur paradisiaque angle droit par rapport au plan de la poitrine, n'ont pas arrêté de perdre des degrés, de décroître, de tomber. Rien que de logique, dirais-je : n'ont-ils pas la forme d'une pomme (celle du Serpent, celle de Newton) ? cette pomme peccamineuse, étrangement absente, comme de juste, dans les comparaisons fruitières des seins.

Qu'importe, avec ce rosaire, ce chapelet et long bréviaire de tous ces seins de tous les diables, à damner plus d'un saint dans un heureux enfer où les péchés ne seraient que capiteux, Ramón a bien mérité son Paradis : celui de tous les seins. Imaginons-le mollement étendu sur un nuage moelleux, doux, cotonneux, la tête confortablement posée entre deux tendres oreillers.

Et en bienheureux sommeil.

BENITO PELEGRIN

PROLOGUE

J'ai fait ce livre à la va-comme-je-te-presse, jonglant ludiquement avec les brefs ivoires des seins, jouant du style, les modelant du verbe et de l'imagination comme en leur propre céramique idéale. Sans doute le style en eût pu être un peu plus léché, plus distillé ; mais la vie nous presse toujours, toujours, et nous avons beau nous être donné du temps pour prendre des notes et pour réfléchir au sujet, l'heure de la publication nous prend de son urgence. Comme j'aurais pu polir les seins du style et montrer l'infini de leur variété ! Je les vois, je les touche, je les savoure, j'aurais beaucoup aimé les élaborer délicatement : ils en seraient sortis plus fignolés et plus véritables, mais l'heure de leur publication m'aurait échappé.

En tout cas, il reste en ce livre assez de sincérité et de fonds pour garder un peu la soif des seins, soif que ne peuvent étancher les seins réels ni ce qui manque en ce livre et que nous pourrions appeler "la quadrature des seins". Ah ! que nous serions tous apaisés le jour de la découverte de "la quadrature des seins" !... Comme nous serions délivrés des seins si le style, les formules et les divagations pouvaient en résoudre l'obsession !

Ce livre n'est pas un livre pornographique. Il ne renferme aucune obscénité mais de la sérénité, une sérénité sensible, une tranquille et souriante contemplation du spectacle des innombrables seins grappillés dans les vergers de la vie. On y trouvera, en revanche, les plus pures dépravations, les dépravations distinguées qui guérissent même de la dépravation car elles ne conduisent qu'à une plus grande et lucide connaissance. En épilogue, on propose même une expiation du péché d'excessive délectation, et l'esprit en sortira dramatique et problématique, mais purifié.

Les seins sont ce qu'il y a de plus plastique dans le secret de l'homme et c'est là ce que je m'acharne à prouver et à divulguer. Les hommes ont sans doute toujours évolué en deçà d'une possible fusion avec les seins, en attente de seins ; et même s'ils avaient l'air de n'y pas penser, ils ne faisaient que vivre en somnambules, en congé de seins. Dans les deux hémisphères d'une même sphère que sont les seins, on trouve le vain globe du monde. Maudite soit la mère des hypocrites qui ont horreur du nu, la mère qui se dénuda devant le père de ces hommes et dont l'excitante nudité présida à leur naissance !

J'ai recueilli les petits sourires en coin, les émois et les ivresses que provoquent les seins, les aveuglements dont ils sont cause, les fantaisies qu'ils suggèrent et les mille petits riens qu'inspirent ces bulles de savon.

Prions le Seigneur pour qu'il nous offre ce fruit comme il nous donne notre pain quotidien et supplions-le de n'en pas manquer au Paradis car, autant "l'autre" fruit fut amer, autant celui-ci est mystique.

Oh ! les baies juteuses des seins, pulpeuses et pleines bien que non comestibles, et sans aucune saveur au bout, sans terme qui en épuise le goût !

Les seins sont si définitifs que, lorsque nous pensons à la terre, tels des morts définitivement sevrés, lorsque nous entrons, donc, dans cet état qui nous en prive à jamais, notre plus grand regret est d'imaginer que les autres continuent à "jouer avec les seins".

Ce livre est iconoclaste : il extirpe et brise les seins ; mais il en joue avant et après les avoir brisés, puis les reconstruit, mais corrigés de leurs impénitentes prétentions, de leur galbe sauvage, de leur cruel orgueil, de leurs intempestifs caprices…

Le trouble et le premier frisson que l'on éprouve à prendre ce qui appartient à quelqu'un d'autre, parfaitement à quelqu'un d'autre, un être doué d'une vie propre, dont l'aimable sexe ne corrige, ne résout ni ne guérit l'infranchissable distance qui nous en sépare ; ce trouble et ce frisson, c'est ce qui traverse le plus ce livre, ce qui se glisse constamment dans ces pages et donne un certain embarras aux paroles – cet embarras et cette exaltation que l'on ressent à sentir de nouveaux seins sous les doigts. Etrange familiarité, familiarité injustifiée, familiarité que l'homme s'arroge sans comprendre à quel point cet acte est insolite, excessif, magnifique et grave !

Tel un tireur, je vise ici le point le plus central de la cible des seins, ce point précis et difficile à atteindre ; si on le touche vraiment, il se passe ce qui arrive dans les jeux d'adresse où, à notre grande surprise, quand la fléchette touche le but, on voit s'ouvrir en grand des spectacles insoupçonnés et s'animer des objets plus amusants que l'on eût pu le croire. Sera-t-il donné aux regards pénétrants d'avoir la révélation claire de ce parlant spectacle, de ce charabia des surprises cachées par les seins ? Telle une sarbacane, la fléchette de ma plume s'est donné pour but de montrer tout cela, et je me suis lancé dans l'entreprise avec désespoir mais décision.

Le plus énigmatique, chez la sphinge, n'est ni son sourire, ni ses yeux, ni son front, mais ses seins ; le secret de la matière s'y est niché comme en aucune autre forme.

Mon livre ne satisfera ni les vieillards libidineux ni les magistrats d'une bassesse noire ; aucun de ceux qui se cachent dans une chambre fermée à double tour pour lire des livres pornographiques ; pas plus que les faux curés qui, comme l'a dit Carlyle, sont ce qu'il y a de plus faux au monde. Ils me traiteront, pourtant, de pornographe, car ils s'irriteront de voir ainsi gâcher leur plaisir solitaire par tout ce qu'il y a de réflexion, de tragique et de silence dans ma prose.

Toutes ces gens, qui ont la haine de la libre pensée – et qui commettent cependant les actes les plus honteux –, sont des gens qui désirent une sensualité noire et baveuse, mais hors la loi, une sensualité horrible, confinée dans l'ombre alors qu'elle doit être lumineuse pour révéler son harmonie (qu'ils voudraient, injustement, proscrire, sachant bien que sa force est toujours plus révolutionnaire que les décrets politiques).

J'offre donc mon esprit sur un mode échevelé, baroque, abrupt et tendre à la fois, ce qui est le luxe de la liberté, d'une liberté sans chaînes – selon le principe qui règle ma vie et que je tiens pour notre plus grande richesse.

LES SEINS AU BALCON

De près, elle ne voulait pas me les montrer. Mais je suis de ces hommes qui savent si bien insister (sans aller pour autant jusqu'aux excessives pressions dont se rendent coupables les débauchés) qu'elle finit par accepter ma proposition et se disposa à me les montrer, la nuit, du haut de son balcon au moment où, de ma fenêtre d'en face, je lui ferais un dernier salut.

Quelle peur qu'elle ne se repente ! Elle allait tellement manquer de mes fermes conseils ! Qu'elle pose les yeux sur l'ange qui soutenait son bénitier, et adieu la promesse.

Au cœur de ces doutes, l'heure pacifique arriva, les oreilles bruissant de ma grande inquiétude. Elle savait de quel coin de sa fenêtre elle ne serait visible que de moi seul.

Elle alluma sa chambre, au fond de laquelle s'étalait le lit, couché de tout son long comme un malade très propre. Et si elle allait se pencher au balcon et me saluer, comme qui oublie ou veut oublier sa promesse, puis fermer irrémédiablement l'écran de bois ? A cette idée, je fus pris du désir de la saisir par les poignets et de la traiter comme une fille, justement parce qu'elle s'y refusait.

Aurait-elle ce courage ? Il fallait de la volonté et de la vaillance pour faire ce qui était convenu. Aurait-elle assez d'audace ? Se donner en spectacle supposait qu'elle accordait peu d'importance au spectateur lointain et caché, mais une très grande à sa personne. J'avais peut-être eu tort de lui demander une telle chose, car ce sont ces choses-là qui peuvent faire à jamais, d'une femme honnête, une prostituée. C'était comme si elle allait réellement montrer ses seins nus à toute la nuit sans voiles, comme si elle faisait ses débuts sur scène avec un numéro des plus déshabillés.

Dans ses gestes, et dans sa lenteur, et dans l'apparence qu'elle avait d'être contrainte à une chose et d'aller lentement vers elle, on voyait qu'elle était décidée, qu'elle était prête à se montrer. Quel sacrifice ! S'il n'y avait pas eu les vitres entre nous, si elle avait pu m'entendre, je lui aurais crié : "Non, ne le fais pas !" Mais une force la poussait et, déjà, elle conduisait ses seins au sacrifice comme l'autre y menait son fils.

Elle tira le verrou de la porte du fond puis se mit à défaire lentement ses épingles. Spectacle exquis ! Et quel naturel ! Du jamais vu. On aurait dit qu'elle venait tout juste de les mettre, en coulisses, pour le seul plaisir de les enlever sur scène, avec parcimonie et simplicité.

Déjà, elle pouvait entrebâiller sa blouse ; mais non, elle réservait cela pour réaliser en un même instant l'apparition et la disparition. Elle était tout près de la lumière, bien que l'éclairage fût faible.

Elle regarda enfin de mon côté, sans lancer, là où elle me supposait, un de ses longs regards habituels, mais d'un coup d'œil furtif et méprisant comme si elle ne m'aimait pas ; ouvrant sa blouse et baissant en même temps sa chemise, elle me montra ses seins avec le geste de la femme qui, dans les tragédies, dévoile sa poitrine et s'écrie : "Frappe ! Plonge donc dans mon sein l'homicide poignard !"

Elle attendit que je prenne la photo interdite. Elle calcula le temps de l'exposition mais éteignit trop vite. Trop vite ? Non. La pauvrette ! C'eût été toujours trop vite. Pour se pencher sur des seins, pour les reconnaître, pour les mémoriser, il faut passer de longues nuits sur eux, comme un biologiste passe des années sur son microscope.

Je ne vis rien et, cependant, je vis un sein pendouillard, ni grand ni petit, mais digne de représenter les seins dans les amours de toute une vie.

. . . .

Le matin suivant, elle parut en larmes au balcon, avec l'air d'avoir pleuré toute la nuit. Dans l'attente du moment décisif, elle s'était montrée vaillante, sereine, téméraire ; mais, une fois la lumière éteinte, elle s'était senti volée, humiliée, inutilisée. Comment ai-je pu ne pas entendre la pluie de ses larmes sur mes vitres, toute la nuit ?

Homme délicat, compréhensif, reconnaissant et joyeux de tout ce qui possède une joie véritable, il était appelé par les femmes pour les tâter, les gâter, les dorloter, et pour retrouver, de ses paroles, de ses yeux, de ses mains, la douceur de leurs seins, que les autres traitent par-dessus la jambe.

Les femmes s'en trouvaient mieux avec leurs seins, et trouvaient en lui une gratitude dont étaient incapables les autres hommes, brutaux comme des taupes.

La scène était belle. Le taste-seins offrait aux seins de la confiante tous ses saluts, discrets, simples, ineffables ; sans l'exagération de ces insupportables jeunes gens qui finiront en ingrats, cyniques, malveillants, déplorables en dépit des simagrées qui accompagnent la découverte.

Le taste-seins était infatigable car il croyait que l'on peut mourir à toucher des seins sincèrement offerts aux mains sincères qui, loin de les voler, leur rendent avec intérêt l'hommage qu'ils méritent.

Le taste-seins n'était ni brutal, ni précipité, et l'on ne sentait pas, en ses mains, cette lassitude annonciatrice d'un prochain arrêt. Il récapitulait les seins, trouvait que rien n'égalait leur relief, découvrait leur meilleur profil. Leur maîtresse en venait à les admirer, à frémir des exquises palpitations qu'en tirait le palpeur.

On ne peut dire que celles qui acceptaient d'introduire le taste-seins en leur cabinet étaient des timorées. C'étaient des femmes fatiguées de la brutalité et qui désiraient être appréciées en secret par l'un des rares hommes sachant apprécier, doser leur enthousiasme au lieu de brûler les étapes.

Le taste-seins les laissait alors, ces seins qu'il avait célébrés, bénis, préparés à supporter, avec les réserves de douceur et de vénération qu'il leur avait prodiguées, toutes les injustices et les insultes des mammifères courants.

LES MEILLEURS DES SEINS

Cette femme regardait la vie de telle sorte que toucher ses seins, c'était comme toucher le secret de la vie.

"Elle s'est laissé faire !" me disais-je, et cela me charmait plus que tout.

"Toucher tes seins, ce n'est pas toucher des seins, c'est pouvoir te toucher dans ton intimité la plus profonde… C'est ce qui me rend fou. O femme forte et difficile !" lui disais-je. Et elle souriait de m'entendre, semblant répondre : "Mais tu joues avec eux comme un enfant idiot qui s'amuse de n'importe quoi !

— Tes seins me surprennent – reprenais-je –, comme si ce n'étaient pas des seins mais autre chose… Je n'ai pas encore l'impression que c'est toi que je touche véritablement ; je n'arrive pas à m'en convaincre, je ne m'en convaincrai jamais."

Il m'arriva d'appeler cette femme comme si elle n'existait pas, comme si elle n'était pas réellement devant moi, comme si cela était impossible… Je cherchais ses seins avec emportement pour me persuader du contraire et je m'émerveillais de les découvrir.

Est-il rien de plus grand dans la vie que de croire longtemps, que de croire toujours que l'on touche l'inouï, l'inespéré, l'impossible ?

"C'étaient ses seins !" Je n'ai jamais déliré comme devant ces seins, ces incomparables seins. C'étaient les seins de la femme qui voit la vie et qui ne nous offre pas ce fruit d'inconscience que sont les seins fruitiers des autres.

Plusieurs fois le jour, je m'assurais de mon trésor en glissant ma main dans l'étroit décolleté de sa blouse et je soupesais les monnaies de cette bourse comme si j'en faisais tinter l'or. Pareille aux femmes au consentement bovin, elle consentait à me laisser m'informer ainsi, bien que ce jeu fût le plus étranger à son âme. Après m'être abandonné à ces sottises masculines, j'avais des remords et quêtais un pardon tout près d'elle.

"Comment est-ce possible ?" me suis-je toujours demandé.

Ses seins, de plus, étaient magnifiques, ronds, douchés, authentiques, sans fourberie, déployant un vaste panorama : ce n'étaient pas de ces seins qui ne sont que des chaussettes replètes, poches ou bourses isolées retombant platement au milieu de la poitrine. Ils étaient amples, sûrs, magistraux.

Ma main a connu, pour ne plus l'oublier, la confirmation de la vie. Je n'aurais qu'à penser à eux dans les moments difficiles pour me sentir heureux, comme si j'avais retenu dans mes mains l'eau dense, douce, diaphane et dure en même temps.

Ses seins étaient sainement rationnels, mais avec assez de générosité pour conserver un reste de candeur. Enchantée elle aussi de me voir m'assurer si joyeusement de sa présence, elle disait : "Mais ce n'est pas vrai !", tandis qu'elle me regardait, sentant dans mes mains l'avidité de l'homme à l'âme intrépide et originale, qui sait la réalité du monde et en soupèse, en connaisseur, la mesure et le poids.

Seins pleins de prévoyance, fermes et ronds, blancs, à la chair lisse et délicate, que de fois avez-vous donné de la densité à d'autres seins, et que de fois suis-je allé vers vous comme pour y détacher le coupon de ma fortune ? Vous ne vous êtes pas refusés et, durant un long temps, le temps que durent ces choses, vous me fûtes grands et doux, fidèles et magnanimes.

Ce qui gâchait un peu mon plaisir de les tâter, c'était l'idée qu'ils allaient se désagréger, qu'ils allaient se hâter lentement vers leur fin.

Ah ! mais le miracle des jours fait pourtant paraître infini ce qui chemine inexorablement vers sa fin !

La douce pierre de touche de ma vie est faite des seins qui soutiennent et connaissent à fond celui qui les attouche ; c'est donc moi qui leur donne cette touche de mes mains tendues vers eux, dans mon désir de me savoir encore vivant.

Dans la rue ombrée de bleu, alors que le soleil posait au bord des toits des tuiles d'or, le vendeur de seins sommeillait sur le seuil d'un grand confessionnal, une baraque de planches entrecroisées. Dans la large embrasure de la porte, il fumait son narghilé comme s'il fumait les seins les plus rêveurs de sa collection.

Au fond de la bicoque, on devinait des femmes nues qui s'étiraient sur des coussins. C'était une sorte de houle lente et délicate, avec les mouvements d'un nouveau-né dans le lit de sa mère.

La sensation de blancheur, de sphéricité et de nombre que produit la boutique d'un marchand d'œufs, on la retrouvait dans le fond de cette boutique, à l'heure de la sieste, où s'alignaient tous les seins dont était maître le vendeur de seins.

De temps en temps, un chaland pénétrait dans la boutique, faisait mine de vouloir en acheter, mais c'était en fait pour voir de plus près cette ruche de seins.

"On ne touche pas… On regarde sans toucher… Il faut choisir du regard… répétait l'Oriental d'un ton acide et martelé.

— Mais cette femme ne vaut rien du tout ! lui disait-on parfois, en lui montrant une femme un peu fanée ou trop laide.

— Je ne vends pas des femmes, je vends des seins", rétorquait-il et, en soi, il n'avait pas tort car, si laides qu'elles fussent, il n'en examinait pas moins toutes les femmes, et c'est ainsi qu'il avait déniché les seins les plus beaux et les plus blancs de tout l'Orient.

"Si l'on avait jugé la noix de coco à son écorce, personne n'aurait découvert ses délices intimes", ajoutait-il.

Il avait plutôt tendance à se méfier des belles qui ont souvent des seins qui louchent ou qui semblent des poches d'homme ruiné.

Le vendeur de seins avait pour ses seins tous les égards, et peut-être n'y a-t-il jamais eu au monde un styliste comme lui.

"Dajali, soulève-toi un peu", disait-il en s'adressant aux ombres et, lorsque Dajali était assise sur son pouf, il disait à l'acheteur :

"Admirez ces seins bien séparés, ce sont comme les deux foyers de sa beauté… Adélaïde, redresse-toi ou, si tu ne veux pas, allonge un bras pour qu'on sache où tu es", disait-il d'un ton mielleux, et Adélaïde, d'un coin de la cage aux fauves, levait une jambe belle comme un candélabre ou comme un grand brûle-parfum. Il s'approchait alors avec le client, enjambant les paresseux cadavres des "sinéphores"…

"Regardez, disait-il à l'acheteur, à la différence de l'autre, plus sculpturale mais moins ardente, ses seins se pressent l'un contre l'autre, cherchent à joindre leur bec comme deux colombes, et une étincelle jaillit de leur contact…"

Lorsque le vendeur de seins se rendait compte qu'il avait affaire à un riche client ou à un connaisseur qui désirait une paire de seins, sinon semblables, du moins très ressemblants, il devenait intarissable à faire l'article des beautés, des nuances ou de la souplesse de sa marchandise.

"On peut faire venir l'expert, finissait-il par dire, on peut appeler l'expert pour qu'il fasse des calculs géométriques et vous démontre que ces seins sont égaux comme sont égales les deux moitiés de Dieu."

LES SEINS DONT LE MAÎTRE
MÉCONNAÎT LA VALEUR

Jamais personne n'avait touché ses seins. On avait été d'un sérieux parfait avec ses seins. Ils étaient destinés à mourir inactifs sur l'arbre solitaire.

Il ne sut jamais les seins neufs et intacts qu'il possédait, qu'il tenait en ses mains. La nuit de ses noces, cette femme aurait dû chercher un amant qui en eût conscience. Quel irréparable gâchis !

Cette nuit-là, comme les nuits suivantes, les seins précieux perdirent leur fragrance entre les mains de ce marchand d'oranges.

L'ERMITE

La fin d'une vie peut être la contemplation cénobitique de seins, la contemplation de l'ermite qui prend entre ses mains des seins de femme et les contemple comme s'ils représentaient, évidente et tangible, toute la fausseté de la vie.

Nous aurons tous, à la fin, ce geste de réflexion. Un jour, nous prendrons les seins dans nos mains avec ce scepticisme ultime.

Il y a des vieillards qui ne s'intéressent plus aux seins qu'à cette fin, pour s'abîmer devant eux en méditations comme les moines de Ribera devant un crâne pelé. Dans notre jeunesse, sans doute avons-nous déjà eu souvent ce geste de sagesse, apaisé, épuré, en caressant des seins.

ELLE N'AVAIT PAS DE SEINS

Elle n'avait pas de seins, pas même une ombre de seins au creux de la poitrine, cette gouttière où se fixent les yeux pour reconnaître la femme.

Lorsqu'elle devait se décolleter, elle avait honte de ne pouvoir montrer ce creux inquiétant. Elle avait la cage thoracique d'un travesti, d'un artiste de cabaret.

On dut la conduire à Paris et elle fut admise dans un institut de beauté. Tout y sentait le savon, et les plus fines peaux de chamois avaient fait briller les glaces.

La femme qui n'avait pas de seins exposa ses doléances.

"Nous devons vous soumettre à un traitement interne. Prenez ces pilules pendant quelques jours", lui dit le directeur, et il lui donna une boîte pleine de pilules grosses, énormes, inhabituelles, qui semblaient impossibles à avaler.

Au bout d'un certain temps, convaincu que ses seins ne poussaient pas, le directeur lui dit :

"Nous vous avons donné de la semence de seins, mais comme il paraît impossible de vous en faire pousser, nous vous donnerons au moins le creux des seins, cette petite rainure qui est comme celle qui mène au point de mire du pistolet et qui est absolument nécessaire."

Le directeur prit en main le ciseau et le petit marteau et en frappa plusieurs fois le sternum de la jeune fille sans seins, y creusant de la sorte une délicate dépression qui évoquait des seins suggestifs dans la cage dure de sa poitrine.

Désormais, elle put arborer sur son décolleté la ligne sinueuse, troublante et glissante de seins absents. C'est grâce à cet artifice qu'elle put décrocher un mari.

TROIS PENSÉES DÉTACHÉES

Je reconnaissais l'aube en touchant la sphéricité de ses seins... Ma nuit s'illuminait quand je touchais ces ressorts de lumière.

"Tu es bien là ?" demandai-je sans parler, rien qu'en touchant ces indubitables réalités où l'univers entier cédait et devenait caresse, sous la pression de ma main qui sentait toute la réalité matérielle du sein tendre et doux.

Elle jouait à la balle avec ses seins contre le fronton des miroirs… Toutes les nuits, elle jouait la stérile partie des regards où les seins se contemplaient dans la glace.

LE DECOLLETÉ LE PLUS CRU
QUE J'AIE JAMAIS VU

Lors de la grande soirée de gala de l'Opéra, dans une loge d'avant-scène, se trouvait le plus beau décolleté du théâtre. Pourquoi ? Les loges d'avant-scène paraissent toujours revêtues d'un velours plus sombre et, par conséquent, mettent mieux en valeur les chairs brunes. Le velours rouge de ces loges est enténébré par l'ombre particulière qui s'y attache, comme la poussière blanche se colle à tout velours. C'est pourquoi, dans cet écrin, ressortait mieux la femme au plus beau décolleté du théâtre.

Mais était-ce la seule raison qui en faisait le plus beau décolleté ?

Non. Son décolleté était le plus comestible du théâtre, comme ces pains pour famille nombreuse dont tout le monde pince un petit morceau, et aussi parce qu'elle venait d'une maison de campagne du Sud : une bonne partie de son décolleté était brunie par le soleil et soudain, sans transition, se dessinait une frange de chair plus blanche – le décolleté de gala étant plus profond que celui de la campagne –, une chair mieux protégée du soleil par les blouses et les chemisettes ; cela faisait une étrange demi-lune qui resplendissait dans tout le théâtre et soulignait la qualité de ces seins à peine voilés par le grand décolleté qu'elle portait sous un gilet de frac noir, très échancré, sans chemise, sans cravate ni plastron.

Je n'ai pas vu de décolleté comme celui-ci, chair brune et empiècement de chair blanche, doué d'une telle présence et d'un tel naturel.

SEINS SANS BOUTON

Il faut craindre ces femmes aux seins turgescents, bourgeonnants et dont le mamelon est blanc. Ces femmes aux seins livides seront cruelles pour tout leur entourage. Elles intrigueront auprès du père pour déshériter frères et sœurs, elles seront dures envers leurs neveux et marâtres pour leurs enfants si elles sont mères.

Leurs mamelons exsangues et sans couleur les rendront épouvantables, des femmes aux dents serrées, aux décisions injustes et arbitraires. La pitié qu'il y a dans ces deux rosettes, semblables aux décorations d'une idéale fête de la fleur, n'existera jamais chez elles.

Belles, intéressantes, aux courbes parfaites, personne ne s'expliquera la raison de leur hostilité, de leur incompréhension, de leur dédain.

C'est qu'elles sont derrière des seins sans bouton, sans même l'incarnat de la fleur, c'est que leurs seins sont les seins froids de la femme de marbre, complètement blancs ou, au mieux, à peine obscurcis par l'usure du temps sur la blancheur glaciale.

Dieu nous garde d'une femme aux seins sans pointe de couleur ! De la simple torsion d'un pinçon aigu, serré, insupportable, elle torturera les êtres et les choses.

LA CONFESSION

Quand je me sentis avec elle plus en confiance qu'avec aucune autre, je lui dis :

"Et que ressens-tu dans les seins ?"

Elle garda un moment le silence. Elle avait rougi, étrangement, comme le premier jour, bien que nous en fussions loin.

"Tu ne seras pas déçu que je te dise la vérité ? Tu ne resteras pas déçu pour toujours ?

— Mais non… Malheureusement, on recommence toujours à se faire des illusions sur ce qui nous a déçus… C'est fatal… Après t'avoir écoutée, je repartirai en quête d'autres seins, comme en une nuit où nous perdrions la volonté parce qu'une comète terrible s'apprête à frapper la terre et à nous faire naufrager dans une fausse fin du monde.

— Bon, alors, écoute, poursuivit-elle. La sensation de nos seins est froide… Ils sont loin de notre sensualité, ce sont des montagnes avec un peu de neige… Vous vous obstinez à nous y faire de désagréables chatouilles… Une seule fois, celle où les touche le premier homme qui nous touche, nous sentons résonner au plus profond de nos sens le premier signal d'alarme, l'annonce que l'heure est venue. Ils ne retrouvent jamais une telle sensibilité.

— Alors, lorsque nous jouons avec eux, vous ne ressentez rien de l'allégresse frénétique et vibrante de notre ingénuité ?

— Non. Nous vous regardons froidement, plus en face que jamais, et, si votre aveuglement se prolonge, tombe de nos seins, comme de deux éponges pressées, l'eau froide qui douche un peu notre ardeur... Si la comparaison ne te paraissait pas trop vulgaire, je te dirais que vous ressemblez à des membres de la police secrète qui fouille-raient nos seins de leurs mains indiscrètes sans réussir à se convaincre que nous ne cachons rien là-dedans..."

Il y eut un long silence que nous ne sûmes rem-plir. Comment pouvais-je, maintenant, toucher des seins dépourvus de sensibilité, qui dédaignaient mes mains et se riaient de moi !

"C'est bien, femme trop sincère... Il faut nous quitter... Adieu...

— Adieu, fit-elle en se levant et s'enveloppant dans son manteau de fourrure, mais n'oublie pas que, ce que je t'ai dit, je ne l'ai dit à personne... Reste mon ami rien que pour cela, et ne m'empêche pas de te voir... Confier à un homme ce qu'on n'a jamais dit à personne, c'est lui donner ce qu'on n'a jamais donné à personne.

— Adieu", lui dis-je devant la porte.

Puis je mis mon manteau et partis vers des seins que je savais où trouver. Tant qu'à rire de moi, ceux-là au moins me croiraient naïf et inconscient.

CEUX QUI VOULAIENT
ÊTRE CUEILLIS PAR MOI

Ces seins venaient à moi, tendaient vers moi leurs mains comme un nourrisson s'échappant du sein de sa mère.

Eux, ils le voulaient, mais elle les contenait, les dissuadait ; elle lutta contre eux jusqu'à son départ.

Etait-elle méchante, ou n'y avait-il pas d'entrée dans son cœur pour certains mots ?

Le fait est que, tous deux, nous notâmes parfaitement cette envie et, cependant, avec une dureté de marâtre, elle leur interdit finalement de bondir vers moi, les empêcha de sauter entre mes bras grands ouverts et d'y être reçus avec l'allégresse que méritent les petites filles aimantes.

LES SEINS DE LA FEMME
DE L'INQUISITEUR

L'homme austère est hypocrite comme les reptiles. Aussi étroit d'esprit que de corps, il a de petits yeux et son visage est comme poudré de la poudre jaune et vénéneuse qui sert à tuer les punaises.

Il rentre chez lui après avoir condamné sans pitié quelques inculpés, satisfait d'arracher au soleil des hommes chez qui la volonté de jouir de la vie est violente et admirable. Son épouse, qui sait l'heure de son retour, lui ouvre la porte. L'inquisiteur l'embrasse, jouissant de sentir, contre sa dure et cruelle poitrine, le tendre sein craintif, qu'il garde comme un fromage sous cloche.

"Délicieux contraste !" pense l'odieux inquisiteur en se pourléchant les babines. "Je suis dur pour pouvoir me rassasier de la douceur des seins de ma femme… Je condamne tous ceux qui vont trop loin dans leur soif de plaisir ou leurs désirs de caresser les seins doux et parfaits de la liberté, mais c'est pour mieux savourer dans l'intimité la douceur de palper les seins de ma femme… "

En effet, c'est les jours de grands supplices, les jours de nombreuses exécutions que, souriant comme un damné, le sordide inquisiteur se jetait sur les seins de sa femme, avide comme un glouton qui se jette sur une timbale de langouste composée de filets et des morceaux les plus fins, et servie dans sa carapace.

LE GIBIER DES CHASSES ROYALES

C'est au milieu des bois, à l'entrée des pavillons de chasse royaux et dans des maisons aveuglantes de blancheur au soleil, comme les fermes du Sud, que l'on élève et garde les seins de ces favorites rustiques.

On les nourrit comme de vrais pigeons ramiers : au lieu de caroubes, on leur donne des fleurs, des cistes et les pousses tendres des pins semblables à la tendresse qui couronne une vie.

Elles sentent le thym et ont la douceur lisse des galets de rivière. Le roi les traque lors de la prétendue chasse à courre, qui n'est que courre le sein et non le daim comme le prétendent les journaux de ce royaume sans nom.

Il se lève tôt car c'est une chasse matinale et il désaltère son âme au bruit des ruisseaux. (Glou… glou… glou…, murmure le ruisselet qui court dans le fond ombreux de notre cœur, dans l'épaisse forêt de notre poitrine.)

Le roi s'embusque à l'affût désigné, là où les rabatteurs pousseront la jeune campagnarde lavée comme lors des lavements de pieds rituels, avant que le monarque ne touche de ses mains les pieds de la pécheresse. Les seins de l'oiselle sont plus durs que jamais, durcis au fond du nid du corset jaune, par l'émotion et la surprise.

Le roi se découvre alors et, par la taille, attrape cette colombe qui joue avec son tablier, tandis qu'il plonge aussitôt ses mains vers les fruits de la femme qui résument en eux le pain tendre et l'œuf dur écaillé, la dinde aux truffes et la tendresse de tous les bourgeons des bois, minuscules à chaque tendre pousse mais ici seulement, éclatants de splendeur…

Le roi, habitué à la brioche viennoise, goûte ici la croûte et la tranche de pain de campagne concentrées en un téton. Il n'a jamais mangé de pain mieux cuit ni résumant mieux tous les parfums des champs et du matin. Tout ce qui flue de la nature et des bois est contenu dans les seins de ces biches et colombes d'élevage entretenues avec tout l'inutile attirail de la chasse royale, dans cette vaste propriété privée qui coûte tant d'argent au roi, qui la vient voir à peine.

LE COLLECTIONNEUR

"C'est une dame qui demande Monsieur", dit la servante au collectionneur de seins, comme en lui offrant, sur le plateau de son corsage, la carte de visite de la femme qu'elle annonçait.

"Faites entrer", dit le collectionneur, se balançant dans le fauteuil de son bureau pour calculer la perspective convenable à l'examen, comme s'il réglait à sa vue des jumelles de théâtre.

C'était une femme aux extrémités fines et aux bras très minces. Tout en elle était délicatesse, mais ses seins étaient si opulents qu'ils parurent saluer le collectionneur avant même qu'elle lui eût tendu ses mains aux ongles soignés.

"Que puis-je pour vous ? dit-il.

— Eh bien, pour être franche… Vous êtes bien un collectionneur de seins, n'est-ce pas ?… Eh bien, voici les miens…"

Le collectionneur regretta de n'avoir pas ses lunettes de collectionneur pour les poser aussitôt sur son nez mais, comme pour pallier ce manque, il recula davantage sur son siège.

"Je vous en suis très reconnaissant, chère madame", dit le collectionneur et, posant les coudes sur la table, il se dressa et s'avança vers elle…

La femme qui offrait ses seins dégrafa sa robe comme la nourrice qui va montrer au docteur la qualité de son lait.

Le collectionneur, habitué à ces démonstrations, toucha, tel un joaillier, l'offrande de ces seins et sourit de ravissement.

"Des seins superbes pour ma collection ! Vous m'apportez des seins magnifiques et inoubliables… Voyez-vous… Il faudra que je puisse les regarder quand j'en aurai envie, quand je penserai à eux… Je ne pourrai pas les caser dans un album, mais en revanche, je pourrai vous avertir quand j'aurai besoin de ces deux beaux exemplaires de ma collection…

— Vous ne me trompez pas ? fit-elle avec coquetterie.

— Non… Ce sont les meilleurs de ma collection… Je vais leur donner la note dix sur un certificat que vous pourrez montrer partout… Soignez-les, soignez-les bien… Les plus beaux de ma collection ont disparu ou se sont abîmés du jour au lendemain.

— J'en prendrai soin, rien que pour vous les offrir de nouveau… Il n'y a pas de tendresse ni de délicatesse comme la vôtre à leur égard… Je suis très satisfaite… Votre certificat me remplira toujours d'orgueil…"

Puis elle reboutonna son corsage, comme si elle venait de donner la tétée à son enfant, prit son diplôme et s'en alla. Le collectionneur écrivit sur un livre : "Soledad R…, 84, rue des Palmes… Seins opulents et délicats à la fois… Sans chute : les premiers seins à ma connaissance qui, bien que volumineux, n'ont pas de plis d'ombre ni l'ombre du début de la ruine et du plongeon… Seins très lumineux, donnant l'impression particulière d'avancer comme deux phares d'automobile… Ils ont l'air si purs et si beaux qu'on n'éprouve pas le besoin de les toucher."

LE SIGNE

D'abord, il n'avait pu le supporter.

"Mensonge ! s'écria-t-il sans pouvoir se contrôler, fou furieux. Mensonge !…"

Puis il demanda "quand ?", puis il demanda "comment ?", puis il répondit avec force :

"Eh bien, je ne le crois pas."

Il y eut une longue pause durant laquelle "elle" apparaissait tout au bout des arcades de sa pensée…

"Dis-moi alors ce qu'elle a sur les seins", dit-il, tout en redoutant que *l'autre* ne lui administrât l'indubitable preuve…

"Ce qu'elle a sur les seins ?" se demandait l'autre dans son effort pour se souvenir de la femme que l'on oublie déjà malgré une longue liaison.

"Ce qu'elle a sur les seins ?" répétait-il et, au cours d'une nouvelle pause, on le vit se pencher sur le corps de la femme nue, sur la reproduction mauvaise mais authentique de la *Maja nue* de Goya, pour y chercher le signe qu'on exigeait de lui.

"Ah, oui ! dit-il enfin. Elle a cinq grains de beauté autour de chaque mamelon…"

Le nouvel amant garda le silence, tête basse, écrasé par la preuve irréfutable que constituaient ces abeilles autour de la délicatesse des deux petites fleurs, si propres à faire une guirlande autour du chapeau d'une jeune fille.

"D'accord, d'accord… Mais vous êtes l'homme du passé, celui qui ne peut revenir, celui qui est complètement oublié. C'est un assez grand malheur, un châtiment suffisant, une peine sans recours."

LES SEINS DIFFICILES D'ACCÈS

Ces seins-là étaient si cachés, si enclos, si enchiffonnés, tellement enfouis sous le fouillis boutonné des corsages que celui qui les cherchait perdit patience et les abandonna.

Il s'était donné beaucoup de mal pour en arriver là ; il avait franchi le plus dur, mais il fut tellement indigné par tant de fermeture, une telle débauche de froufrous, de fanfreluches et de falbalas qu'il méprisa finalement la trouvaille.

LES SEINS DE MLLE GENEVIÈVE

Mlle Geneviève dormait dans une chambre au fond de la maison, près de la cuisine et de l'escalier intérieur.

Comme il ne serait venu à l'idée de personne de soupçonner Mlle Geneviève, personne n'aurait pu imaginer qu'elle tirait parti de cette proximité de l'escalier intérieur.

Cependant, toutes les nuits, les souliers dans ses poches, un jeune homme se glissait furtivement par cette porte et s'introduisait silencieusement chez Mlle Geneviève.

Il n'y a pas de plaisir plus pur ni plus pénétrant que de s'introduire dans la maison d'une célibataire, maison respectable. Il la prenait ensuite comme la nuit des noces, dans l'obscurité de l'alcôve, car ils ne pouvaient éclairer.

Toutes leurs caresses étaient silencieuses et s'échangeaient dans l'obscurité. Dans l'obscurité pleine de craintes, d'interdits et de menaces, cette honnête nudité prenait une dimension inouïe.

Mais qui pouvait imaginer cela dans cette chambre où il y avait même un petit autel plein de reliques et tout orné de petits rubans roses que soignait avec amour la pieuse demoiselle !

Toute l'obscurité de la maison courait se pencher sur la chambre du péché, bien que sa porte parût la blanche porte de la virginité. Les parents, qui dormaient dans une alcôve à l'italienne communiquant avec le salon qui donnait sur la rue, ronflaient en toute quiétude. Dans le long couloir, les ombres s'agglutinaient avec impatience et commentaient ce qui se passait dans la chambre. Toutes les ombres étaient éveillées, excitées, et cancanaient, alors que la maison avait tout l'air de dormir.

Aux coins et recoins des couloirs et par la porte entrebâillée du corridor, les profils de l'attente laissaient pointer un nez, un œil.

On sentait dans l'ombre comme une voluptueuse ondulation. Lorsque les mains du jeune homme palpaient les seins dans l'ombre, on eût dit que cette pression allait éveiller la lumière comme quand on presse la poire électrique qui se balance au chevet du lit.

Après ces nuits, où elle était caressée par l'archange de l'obscurité, Mlle Geneviève reprenait son aspect discret de jeune fille lassée de tant attendre le mariage, de célibataire résignée à passer l'habit de bure de l'espérance serré par son cordon de moine.

Le fiancé qui, dans son rôle diurne de fiancé, conversait languissamment un moment avec elle, semblait très différent de celui de la nuit, et lui-même remarquait le même phénomène chez Geneviève ; elle ne ressemblait en rien à celle de la nuit.

"C'est qu'elle serre ses seins dans les cordons de la discrétion", se disait Antonio, car tel était le nom de l'audacieux braconnier.

Le jour, maison, porte et escalier, tout semblait insolite à Antonio, qui n'aurait même pas reconnu, dans le couloir éclairé, la porte de la mystérieuse chambre et sa poignée de métal astiqué.

Antonio, au lieu de s'en désintéresser, se prit au contraire d'intérêt pour la clandestine Geneviève et alla jusqu'à l'épouser.

"Nous vivrons avec vous", avaient-ils dit aux parents.

Pour ce faire, on avait arrangé la chambre de Geneviève avec des meubles neufs, un lit plus grand parce que celui-là, disait la mère, était inutilisable et, à la demande d'Antonio, on avait augmenté la lumière, deux lampes de plus de deux cents bougies.

C'est ainsi qu'au jour dit, ils s'enfermèrent dans la chambre. Comme le silence de la maison leur était familier !

Il brûlait d'impatience malgré tout. Même dans un cadre bien connu, il était curieux de la voir à la lumière. Quelle grande nouveauté, extraordinaire et merveilleuse ! Il allait enfin la posséder en pleine lumière sans craindre que l'on ne découvrît le rai filtrant sous la porte !

Geneviève avait plus peur que jamais. Elle avait perdu son audace de l'ombre. Dans l'obscurité, elle s'était sentie plus femme, plus libre, plus charnelle.

Elle se déshabilla lentement. Lui était perplexe. Il contemplait une scène pauvre, modeste, froide. Il voyait les tristes doublures des vêtements qu'elle enlevait, il voyait qu'au lieu de s'épanouir comme elle le faisait dans l'obscurité, elle se rétrécissait, et devenait une femme transie.

Il n'avait plus que l'espoir de voir ses seins, comme s'il ne les connaissait pas, comme si ce n'étaient pas les seins qu'il avait connus dans l'obscurité, les seins opulents de l'ombre, en cascade, battus, accrus, montés en abondante neige comme la généreuse crème fouettée…

Ils se dévoilèrent enfin et apparurent aussi petits que les ampoules rondes de cinquante bougies qui les éclairaient. Antonio en resta surpris, étonné, profondément déçu. L'ombre l'avait atrocement trompé. Sa femme n'avait pas de seins !

Il n'aurait jamais dû allumer la lumière ! Que n'avait-il continué à traquer dans l'ombre la blanche volupté de l'imagination !

LES SEINS DE LA NAGEUSE

Il y avait un grand prix et une médaille d'or pour le gagnant de la traversée de la passe à la nage.

Les hommes et les femmes se lancèrent dans une sorte d'inégale compétition car les hommes étaient plats comme des limandes alors qu'elles, arrondies comme des morues prêtes pour la ponte, freinées par leurs seins, devaient être alourdies dans la course.

Mais l'on vit très vite qu'une femme avait pris la tête du peloton de nageurs. Sa tête de folle, de femme qui vient de se laver les cheveux, dépassait de l'eau bien plus souvent que les autres. Son corps, chaque fois plus poli par l'onde, surgissait des vagues et brillait gélatineusement.

Avec un visage de désespérée baignée de larmes, la femme qui avait mené la course toucha le but. Diable, avec la paire de seins qu'elle avait ! Peut-être lui avaient-ils servi de proue, ce qui lui avait permis de fendre les flots et de remporter la victoire.

Tous regardaient avec appétit ses seins, rafraî-chis et douchés par la mer. Tous auraient donné n'importe quoi pour pouvoir appliquer deux petites tapes sur ces chairs qui semblaient le réclamer.

Le président du jury, la médaille à la main, s'approcha de la gagnante, déposa sur son sein la médaille du prix et, sans pouvoir se contenir, sa main moula le sein et s'arrondit sur lui.

La nageuse, dure et virilisée par le triomphe, gratifia le président du jury d'une terrible gifle qui fit voler son chapeau claque sur la mer, où il alla flotter comme une bouée.

LES SEINS DE LA FATIGUE

Ces seins sont lourds de fatigue et quand des seins tombent de fatigue, il n'y a plus qu'à les laisser tomber, car ils ne servent plus à rien. Ils ne peuvent plus remonter la pente.

Ils pendront comme deux larmes tombantes de la femme harassée.

Elle pleurera sur ses seins en le remarquant et ses larmes rimeront avec ses seins.

"Tes seins, dira-t-on à la femme aux seins tombant de fatigue, ne sont plus pour moi que la nourrice sèche de mon penchant pour toi."

LA CHASSE DANS L'ESCALIER

Quand on est jeune, on croit pouvoir chasser dans l'escalier les seins convoités de tout le voisinage.

L'escalier est un chemin solitaire par où descend, bien insouciante, la petite de la mansarde qui a des seins guillerets.

Généralement, elle descend en sautillant et ses seins se montrent ainsi de la façon la plus évidente, dès lors inévitables, dès lors impossibles à abandonner. A travers le traître judas, piège médiéval de nos tourments, on a pu constater l'étrange phénomène de la joie solitaire des seins.

Souvent, on revoit les seins fringants rebondir sur la poitrine de la jeune fille qui descend l'escalier. Est-ce l'heure d'y mettre la main ?

Pas encore. Il faut qu'ils se rassurent et s'acclimatent au chemin solitaire de l'escalier où mijotent les matinées de tous les locataires avec les substantifiques bouillons de tous leurs pot-au-feu.

Sur ce chemin glorieux de l'escalier matutinal, les seins semblent monter au ciel ou descendre sur terre.

La jeunesse crédule considère que, dans cette neutre allégresse de l'escalier, il est possible de s'emparer des seins pigeonnants de la mansarde.

Un jour enfin, on attend secrètement son heure. Du balcon, le jeune homme guette l'arrivée de la jeune fille aux seins joyeux. Il la voit venir et voit, quand elle passe précisément sous son balcon, comme sont sculpturaux ses seins qui pénètrent avant elle dans la gueule gloutonne du portail.

Derrière la porte, le jeune homme attend la montée de la joyeuse jeune fille dont les seins trépidants grimpent l'escalier.

La lumière de l'escalier, semblable à celle qui filtre des vitres dépolies d'un bordel ou d'une salle de bains, se réjouit de la voir en forme.

Allez savoir pourquoi elle s'est arrêtée quelques marches plus bas. Et si elle lisait la lettre d'un autre ? Ce serait un écueil : le seul exorcisme contre le diable qui la guette.

Il a toujours l'œil rivé à la fente de la porte. La voilà enfin sur le dernier palier prévu comme dernière étape de sa tranquillité. Il ouvre alors la porte et se jette sur elle.

La lutte dure quelques secondes. Elle le repousse et s'échappe. Il comprend tout le risque qu'il y a à poursuivre le combat dans l'escalier et que quelqu'un entende un cri. Il avait cru l'escalier plus sourd qu'il ne lui paraît maintenant. Tous les judas ont des yeux et des oreilles. Tous ont vu l'abus qu'il a voulu commettre.

L'escalier n'est pas un lieu propice, ont conclu tous les garçons après une expérience de chasse ratée dans l'escalier. Il est froid, réfléchi, ingrat, et ne cause pas l'ombre d'un trouble à la femme ainsi surprise en un lieu si étrange et si peu cordial.

LE SEIN EN FLEUR

C'est un phénomène attendu, il aura lieu le jour où l'on sera au sommet de l'évolution, le jour où l'on préparera l'avènement de la femme nouvelle, bien différente de la femme actuelle.

Le jour de cette transition d'une heure à l'autre – heures qui durent des siècles – on verra l'éclosion des seins en fleur, métamorphosés en ce camélia frisé qu'ils sont au-dedans.

Les femmes souffriront du phénomène, il leur en coûtera la douleur de deux accouchements, mais elles se retrouveront parées comme jamais de deux joyaux.

Les femmes les garderont avec soin dans leurs blouses, craignant qu'ils ne s'effeuillent et, comme les seins auront perdu l'obscénité apparente qu'ils avaient quelquefois à cause de leur forme inexplicable et par là excitante, elles ouvriront deux trous dans le tissu pour qu'on les voie, vivantes fleurs, grands camélias de chair pareils aux camélias de cire, fleurs où les seins seront perdus à jamais.

LE SEIN QUI M'APPELA
PAR-DERRIÈRE

J'allais distraitement, rentrant dans les réverbères, apprenant par cœur les enseignes des magasins, déchiffrant la ville par le chemin le plus couru de la rue la plus fréquentée lorsque, soudain, je sentis que mon dos était heurté par quelque chose de très doux, comme un doigt sans os.

Je ne voulus point me retourner parce qu'il y avait beaucoup de douceur dans cette façon de frapper à la porte de mon dos. Je fis semblant de ne pas entendre et je sentis le sein continuer son appel.

Face à son insistance, et de peur de le voir se fatiguer et partir, je tournai enfin la tête.

Elle fit celle qui ne s'était aperçue de rien, ou qui ne l'avait pas fait exprès.

Moi, je continuais d'écouter ce qui se passait derrière moi, d'écouter l'approche absolument silencieuse et douce de ces seins. Mon dos devenait sensible comme une poitrine, et peut-être mon dos était-il dans ma poitrine et ma poitrine dans mon dos comme si, intérieurement, mon buste avait fait un tour complet.

J'avais déjà ressenti quelque chose de semblable le jour où l'illusion s'était glissée dans mon dos, car les seins de l'idéal ont ce frôlement-là, idéal timide et illusion de voir nos mains brutales y faire main basse.

Encore une fois, le sein réitéra sa dorsale insistance, puis une autre, puis une autre.

Combien de temps ai-je marché ainsi ? Fatal, infatigable, inséparable, j'allais, dissimulant mon émoi. Je ne me serais jamais arrêté si ce frôlement avait continué dans mon dos.

Je dus parcourir bon nombre de rues, sans nulle nécessité, sensible à ce contact, comme pâmé et penché en arrière. Tout le monde devait s'apercevoir de notre manège comme si nous exécutions un numéro de "kake-ball", cette danse où le cavalier est devant sa cavalière, incliné en arrière comme s'il allait tomber.

Je dus marcher des kilomètres et des kilomètres de la sorte. Je devais me trouver bien loin du point de départ. Oui ? Non ? Je n'étais pas sorti de la provinciale promenade où tous les pas résonnent comme ceux d'un escadron qui marque le pas de marche sur place. C'était le genre de contact qui prélude au mariage, qui fait que la pensée se pose auprès de celle qui a frappé de la pointe de ses seins et qui réussit à se faire épouser. Hélas ! Comme elle dut rentrer pour dîner, je me rendis compte, une fois seul, que je venais d'expérimenter un cas particulier de magnétisme des seins.

SEINS A SOLDATS

Sur la joyeuse place éclatante de soleil, là où les soldats et les servantes vont se distraire, voilà qu'apparaît la femme qui a des seins pour amuser les militaires.

Les seins réservés aux jeux des soldats sont des seins tombants, étonnamment tombants pour la silhouette juvénile de la fille qui les porte.

C'est vraiment la dernière des choses à faire que d'aller offrir ses seins aux jeux des soldats et l'on soupçonne que la fille qui recherche cette compagnie est des plus abjectes. On ne peut trouver plus bestiale galanterie. Cette jeune conquérante quête le tabac à chiquer des mots d'amour forts et drus, de ceux qui lui parlent à l'oreille.

Après tout, c'est son affaire. Cette façon qu'elle a de hanter les maisons borgnes, toujours prête !

Le ventre un peu en avant, épuisé, harassé de tant d'efforts sensuels, elle se promène à travers l'arène sablonneuse et taurine de la place d'armes.

Les soldats, tous les soldats, avec la répugnante épaisseur de leur sève villageoise, tournent autour des femmes qui ont des seins à soldats, avec des regards en dessous et sans équivoque, sous la visière de leur képi transformée en casquette de mauvais garçon.

Le soir tombe. Les seins sont plus coulants, et l'on voit la larme tombante de leur mamelon comme suspendue au filtre de la blouse, telle une grande goutte de pluie.

Les soldats poussent vers les recoins celle dont les seins leur sont destinés, des seins comme une grappe égrenée au fond de la corbeille du corset, une grappe de raisin noir et ordinaire, et il y a un moment, au crépuscule, où, dans un recoin du vaste espace de la place d'armes, ils peuvent à leur aise écraser vivement la grappe dans le pressoir idéal et boire d'un trait le moût troublant.

LA FEMME MIRIFIQUE

Rosissante, les dents comme les grains d'un rosaire de nacre, elle avait été choisie par cet homme intéressé, égoïste et cynique, non pour sa beauté, mais parce qu'elle savait porter les perles et leur donner ou rendre un orient spécial. Il lui suffisait d'arborer un collier une seule nuit à l'opéra – détail obligatoire – et le collier malade ou décoloré retrouvait son rose albugineux.

Elle avait ainsi sauvé de nombreux colliers qu'il s'était chargé de revendre. Sur cette base et rien d'autre, il avait bâti sa fortune et le seul danger pour lui était de la perdre, elle.

La perdre, elle !

Car c'était elle, elle, qui donnait leur orient aux perles et elle possédait ce don parce que ses seins étaient les deux perles les plus magnifiques du monde, arrondis comme des perles d'un pudique orient qui les faisait éternellement rougir.

Toutes les perles des colliers qu'elle portait tétaient un peu de cet occulte orient et décharnaient quelque peu sa poitrine.

"Oh ! mais sevrez enfin ces maudits colliers !"

Quelqu'un avait bien dû lui crier cela un jour en la voyant se consumer lentement.

SEINS D'HERMAPHRODITE

Il avait toujours eu horreur des êtres ambigus. Sa haine pour eux était sincère et écrasante. Il ne pouvait supporter ces êtres qui tirent à leur profit la sagesse et la chasteté des femmes.

Il n'avait jamais laissé échapper une occasion d'exécrer ces êtres ridicules, petits, à la bonne grosse tête et dont l'ovale naturel du visage était un peu trop charnu. Ah ! face à ces ovales des tantouzes, comme les ovales des visages de femmes semblent admirables et justes, surtout en pleine jeunesse !

Il continuait sa quête sur le chemin de la vie, cherchant les femmes sans trop insister, leur accordant une certaine trêve, leur laissant le temps de se décider, n'en voulant gagner aucune au prix de l'insistance, de la mendicité ou de l'inflation des paroles.

C'est ainsi qu'il rencontra cette femme qui devait extirper ce qu'il y avait en lui de faiblesse.

Il la suivit comme il suivait toutes celles qui lui souriaient de la sorte. Elle était brune, elle avait un type de montagnarde, et il se pâmait devant ce corps à damner tous les saints.

Elle l'enthousiasmait et, sans échanger une parole, il la dévêtit, découvrant ainsi la vérité nue et terrible : c'était une véritable hermaphrodite chez qui aucun des deux sexes n'était négligé bien que le support fondamental en fût un corps de femme.

Quelle stupéfiante découverte ! Enlacé à elle, appuyé sur ses seins de femme parfaite, il pleura de n'avoir pas la force de se séparer de ce monstre et il eut la première épilepsie de l'homme rarissime qui a rencontré une hermaphrodite.

Ces seins-là étaient comme une ironie de Dieu qui se jouait de lui. Comment cacher la vérité ? Il imagina les robes les plus épaisses pour déguiser en vraie femme celle qu'il venait de découvrir.

"Tu es sûre que je suis seul à savoir ?..." ne cessait-il de demander.

"Personne ne le sait", répondait-elle avec une innocence qui menaçait de détruire son insistante et tremblante question, sachant bien – justement à cause de sa double nature – que l'homme qui aurait connu son secret serait ressorti du fond de la terre pour venir toucher ses seins d'hermaphrodite où se nichait l'ironie de Dieu.

LES SEINS DE PILAR

Je fus le premier à toucher et caresser ses seins. J'y mis cette violence qui était mienne lorsque je touchais les seins des femmes mais, aussitôt, je me contins parce que je remarquai que cela lui faisait mal comme les gencives du bébé qui fait ses dents.

On les sentait craquer sous la main et croître sous la caresse. C'étaient comme des nèfles, encore aigres pour elle.

Peut-être risquais-je, sans gloire ni profit, de flétrir la grappe future encore verte. Je me posais la question.

Ils piaillaient comme des oisillons dans leur nid et s'agitaient d'inquiétude, dressant leur bec pour recevoir la becquée du bécot. Mais, plus que baisers et caresses, ils voulaient pousser, voler de leurs propres ailes.

Elle me les offrait entre des médailles et la clé d'un de ces petits coffres ornés d'un miroir à l'intérieur desquels les fiancés conservent leurs lettres et les servantes leurs peignes.

Je n'oublierai pas ces seins que je fus forcé de manger le premier, car elle me les offrait comme ses deux meilleures friandises avec la générosité du premier amour.

DUEL POUR DES SEINS

Les seins d'Héloïse firent de Paco et de Martin deux ennemis irréconciliables. Ils auraient pu se les partager, à chacun le sien, mais ils n'eurent pas cette idée. Chacun voulait la paire. Elle non plus, comme les brocanteurs, n'aurait pas accepté de les vendre séparément.

Leurs absurdes disputes en arrivèrent au défi.

La rencontre fut organisée avec gravité. Ils décidèrent qu'Héloïse appartiendrait au survivant.

A l'aube, au moment où les arbres brumeux ressurgissent du sol avec le jour, ils se rendirent sur un chemin écarté et se battirent.

"Pour ses seins !" s'écria Paco avant de commencer le combat, comme le chevalier qui offre le tournoi à sa dame.

Le duel fut bref. Paco, celui qui venait précisément d'invoquer les seins, s'écroula sur le sol.

Une femme surgit aussitôt du bois, trébuchant contre le vent.

Se frayant un chemin au milieu du groupe des témoins et des invités, elle se pencha sur le blessé.

"Il se meurt", lui avait-on dit comme elle arrivait.

"Je meurs", murmura-t-il, mais il oublia d'ajouter le romantique : "mais je meurs trop heureux puisque je meurs pour vous", d'autant qu'il expirait vraiment pour elle…

Compatissante, elle demanda :

"Vous mourez pour mes seins ?

— Pour vos seins, oui, madame…"

Faisant sauter les boutons, elle dégrafa alors son corsage comme on ouvre à deux battants la boîte à pharmacie pour en tirer la fiole salutaire et lui offrit le sein. Il le caressa et, peu à peu, il se remit à vivre, l'épousa et commença une nouvelle et longue vie avec Héloïse.

LES SEINS DU CONTE D'ENFANTS

Cette fillette de dix-sept ans, aux tresses de soleil, avait perdu ses seins et pleurait, pleurait car, bien qu'ils ne lui fussent d'aucune utilité, elle devinait en eux elle ne savait trop quelle étrange vertu et espérait trouver, grâce à eux, son orientation, car les seins sont le timon de la femme et la dirigent.

"Mes seins ! Mes seins ! Où ai-je donc perdu mes seins ?" s'écriait-elle, consternée, continuant sa recherche au fond du bois.

Ses mains, tandis qu'elle répétait "Mes seins ! Mes seins !" cherchaient sur sa poitrine les bourses pleines de ses seins.

Elle rencontra une petite vieille qui lui demanda ce qui lui arrivait.

"J'ai perdu mes seins !" répondit-elle avec les gestes de la femme qu'on vient de dépouiller.

"Ah ! ma fille, c'est un oiseau qui a pris tes seins pour s'en parer... Le grand oiseau n'avait pour seul chagrin que le regret de n'avoir pas de seins comme les autres êtres supérieurs... Un oiseau aux seins enchanteurs peut aller frapper à la porte des

anges comme pour tenter le ciel avec des seins ter-
restres."

Celle qui avait perdu ses seins les considéra
comme perdus à jamais et, toute sa vie durant, à ce
souvenir, elle portait ses mains à la place des seins
en un geste qui les évoquait désespérément…

LES SEINS DE L'OBSCURITÉ

Dans l'obscurité, je sentis quelque chose de mol et
de doux malgré le noir et j'avançai mes mains vers
cette sensation.

C'était de tendres seins qui cédaient avec la précise élasticité qu'ils ont lorsqu'ils sont à point.

Lorsque je tendais mes mains dans l'obscurité
des chambres obscures, j'avais toujours l'impression de jouer à colin-maillard et de tâtonner pour
reconnaître les seins excitants de la petite amie qui
m'avait bandé les yeux, et s'était cachée parmi les
autres. Lorsque je tendais mes mains pour ne pas
tomber dans le noir, je cherchais aussi à dénicher
des seins, les seins triomphants de l'obscurité.

Souvent, ce n'étaient pas les seins de l'obscurité
qui venaient à ma rencontre mais ceux de quelque
embrasse ou les angles arrondis de quelque meuble.
Mais cette nuit-là, ils vinrent enfin au-devant de
moi, les fameux seins de l'obscurité, troubles, épais,
comblant à plaisir la rondeur de la main.

Quelle ivresse de sentir que c'étaient les seins abré-
gés de toute la chambre, de l'immensité, de l'espace !

Je fermai les yeux pour mieux les sentir et, en effet, leur miel fondit sous mes doigts. Je ne dis mot. C'eût été fatal. Je restai longtemps dans les ténèbres et m'endormis dans le noir en prenant les seins de l'ombre.

Les seins de cette femme étaient les seins de l'âme, blancs et purs, parfaits comme deux circonférences.

En les touchant, je sentis que je touchais son âme et tout mon être fut saisi d'un frisson et d'une crispation particulière.

"Mais ton âme, tu la portes donc dans cette chair vivante ?" m'écriai-je.

C'était exactement cela. C'était dans sa nature puisque ses seins avaient l'expression de son âme.

Et, dans ses seins, je sentis que je palpais une âme, que je caressais une âme penchée au balcon de la vie.

LES SEINS DU BAL MUSETTE

Elle voguait les seins à l'air, les plongeant quelquefois dans la vague du torse masculin.

"Je ne veux pas que tu rentres chez toi cette nuit", lui soufflait son jules à voix basse.

Ils mûrirent le projet durant cinq chotis*, six polkas et vingt-quatre valses. On eût dit qu'ils guinchaient sur l'arène de la *plaza*, mus par un orchestre de corrida qui semblait posé sur une sorte de toril, orné des mêmes tentures sang et or.

* "Chotis" : danse typique de Madrid, dérivée de la "scottish".

Après toutes ces danses, et comme cette nuitée avait vu le zénith des mamelles opulentes, cette nuit que la femme commence belle et finit blette, ses seins s'étaient affaissés, perdant lentement leur densité, consumés par trop de danses.

A la vue des dégâts, le jules s'éclipsa, la laissant avec sa mère qui avait, de toutes les mères assises sur les bancs, la clé la plus grosse.

LES SEINS SUR LA PLAGE

Les seins du bord de mer, sur les plages estivales, deviennent concaves, étriqués, comprimés. La douche de la mer est comme un solide corset de caoutchouc qui les resserre et les contient. Le fouet de la mer en corrige la folie et leur vague velléité de courir vers les hommes, la seule raison qui les excuse de pendouiller bêtassement comme deux sacoches.

C'est pourquoi, sans cette raison d'être, ils deviennent antipathiques, dédaigneux, glacés, de vrais seins de merluche.

La mer les arrondit, les fortifie, les amarre bien aux amères et peu amènes femmes dont le seul mérite est d'avoir de la santé.

Lors des ennuyeuses nuitées dansantes au bord de mer, elles offrent des seins orgueilleux, comme faits de toile goudronnée, virilisés par le bain et le tennis.

Face à l'effronterie imbécile des seins dont la mer a rouillé l'aimant, et qui quittent la plage en rang d'oignons pour aller manger, face à tous les estivants bêtement affamés à midi, j'en suis venu à détester les plages.

Les seins des plages sont un leurre qui vous occupe pour mieux vous tromper, appât des jeunes filles bleues et blanches pour pêcher un mari qui les mènera chaque année se baigner dans l'indifférence et prendre ainsi leur bain d'égoïsme crétin et irrépressible.

CELLE QUI AVAIT LES TROIS POILS DE LA PUISSANCE

Solennelle, féroce, capable de soulever de grands poids d'une seule grimace, cette femme avait un beau type de contrebandier.

Cette femme, en toute épreuve amère de la vie, devait pouvoir tout assumer et enseigner à l'homme une vaillante résignation.

Cette femme, sous la simplicité de sa blouse, tout au-dessous de ses nombreux atours avait des seins félins, des seins dont la pointe s'orne de trois poils, les trois poils de la puissance que peu de gitanes possèdent. Qui épouse de telles femmes sera à l'abri de tout mauvais coup du sort.

CELUI QUI SE MARIE POUR LES SEINS

Rien que pour gagner officiellement le droit de défendre ses seins, il l'épousa.

Farouche, comme redoutant de son mari même le vol de sa beauté – pourquoi faudrait-il perdre sa vertu à date fixe, et sans aucun témoin ? – elle attendait.

"Mais que fera-t-elle ?" pensait-il et il avançait par petits bonds vers elle, franchissant les obstacles dans la course au mariage.

La nuit de leurs noces, elle les lui donna avec une surprenante impudeur et, depuis lors, les lui présenta avec une allégresse et une provocante insistance, incompréhensibles chez cette femme qui se trémoussait comme si, toute sa vie, elle avait été entraîneuse dans un saloon du Far West et y avait toujours dansé la rumba et la samba des seins.

LES SEINS DES NONNES

Guerra Junqueiro s'est attardé aux culs des nonnes, qui sont des culs de lune, mais il n'a pas parlé de leurs seins.

La communauté tout entière a-t-elle des seins ? En règle générale, ce sont des seins morts mais il en reste toujours quelques-uns de vivants, qui remuent encore comme des vipères et mordent les bonnes sœurs sous les aisselles.

Chez presque toutes, ce sont des sortes d'ex-voto qui pendouillent de leur poitrine, et elles n'en sentent que le poids qui étouffe leur cœur sous la masse de chair.

Celles qui se sentent des seins rebelles et sentimentaux, tentant de les tirer Dieu sait où, leur infligent pénitence et cilice. Elles songent même à en arracher le rose du bouton mais, plus elles les flagellent, plus fort en jaillit la rouge clameur du mamelon, le *ô* d'exclamation rouge vif qui aspire à la vie.

Le diable leur impose les boutons de feu de ses doigts.

De par leurs seins, les nonnes demeurent toujours et avant tout des femmes, sans qu'elles le puissent dissimuler. De leurs seins, elles nourrissent les angelots sculptés.

Elles en veulent styliser le charme mais ne peuvent empêcher qu'ils "existent". Et cela suffit pour jouir de la vie, car c'est la vie, après tout, qui jouit de nous tous.

LES SEINS DE LA DOMPTEUSE

Seins vaillants et intrépides.
Les griffes du lion cherchent à les toucher et, malgré cela, c'est cette partie d'elle-même que la dompteuse présente en avant, même si l'on voit bien que le revolver qu'elle porte à la ceinture est là pour les défendre.

Les gestes du lion qui tend ses pattes vers la dompteuse, brusques, craintifs, pleins d'arrière-pensées, sont ceux de l'homme qui recherche les seins de la femme et elle, elle emploie la même tactique que la femme face à l'homme.

Il est remarquable de voir, plus franche que jamais, la violence féroce et acharnée de l'homme qui affronte la défense vaillante de la femme (c'est de cette manière que lutte la servante qui ne veut pas être tripotée par son maître, lequel ne renonce jamais).

C'est qu'ils sont forts les seins de la dompteuse sous la rude jaquette et sous le solide pyjama aux brandebourgs ressemblant à des clés !

La dompteuse, pour cette raison, paraîtra toujours plus héroïque que le dompteur, parce qu'elle offre ses seins au danger, parce qu'elle présente plus de poitrine à la bête.

Les seins de la dompteuse sont comme des crotales, des seins défendus par deux petits boucliers qui resserrent leurs pores, qui effilent leurs mamelons comme un dard. La dompteuse a l'air de chasser l'ours, avec son poignard sur la poitrine.

Comme elle doit paraître douce et féminine ensuite à son mari ! Quel grand contraste entre la piste et son logis orné de tableaux romantiques, et son boudoir habillé de tissu rose comme un bébé !

SEINS DE CHÉRUBINE

Ils sont beaux mais tristes.
La chérubine se tient paisiblement sur son nuage et nul ne peut passer le cercle qui l'entoure.

Celui qui visite le ciel pour la première fois les prend pour les seins d'une statue de fontaine, inviolable au milieu du bassin.

La chérubine porte ses seins comme les fillettes de la chorale font porter leurs voix.

Elle est au milieu de fleurs blanches, soutenant de ses mains sur son sexe l'équerre de la chasteté, l'équerre d'or au scintillement de laquelle nul ne résiste.

La chérubine, qui est faite de la chair de beurre des archanges – roses de beurre avec du sucre en leurs boutons –, est fade, éminemment fade comme une bourgeoise anglaise toute nue.

La chérubine a pour mission, selon le livre des hiérarchies célestes, de donner le sein aux angelots nouveau-nés qui volent vers elle comme vers une fontaine et, sans se poser, continuent de battre des ailes tout le temps que dure la tétée.

De temps en temps, la chérubine entonne le chant qu'elle chante de toute éternité et qu'elle continuera de chanter pour toute l'éternité.

C'est pitié que ses seins soient stériles, ébaubis, sans frisson de vie, d'une indécente chasteté puisqu'ils sont nus sous une lumière crue et pourtant chastes au-delà du possible.

Il faut inventer des jumelles qui nous permettront d'atteindre les objets le jour où nous monterons au ciel.

LES SEINS DES ANDALOUSES

Les seins des Andalouses sentent la fleur d'oranger, ce sont de grandes fleurs d'oranger, qui se gonflent parfois. Car, d'ordinaire, les seins des Andalouses ne sont pas très gros.

L'Andalouse est menue, sèche à force d'avoir, depuis son enfance, tant fait de grâces, de corps et d'esprit. Elle baigne dans le miel des câlineries, même celles de la terre dont elle reçoit de tous côtés les cajoleries. Comme elle est persuadée que le monde entier ne cesse de répéter : "Que l'Andalousie est belle ! Ah ! l'Andalousie !", elle n'en peut plus de se sentir vantée par tant de langues flatteuses.

L'Andalouse agile, de belle allure, remporte tout le succès de la fête ; c'est à elle que tout le monde parle. Ses côtes sont serrées comme par un corset étroit ; elle a le teint mat et les traits anguleux, elle semble effrayée d'avoir tant ri depuis son enfance, d'avoir été une enfant tellement gâtée.

Chez cette Andalouse, sèche comme la tige de l'œillet qu'elle porte à son chignon, les seins sont de pures suppositions, des fleurettes à mettre à la bouche.

"Les oranges, voilà le fruit !" proclame-t-elle. Mais elle n'en porte que la fleur, rien de plus.

Ce n'est qu'à sa maturité que ses seins mûrissent, grossissent et surprennent par une seconde jeunesse complètement différente de la première. Qui aurait pu imaginer que de cette anguille…

"Comme ça, au moins, dit-elle, ils n'ont pas eu à se fatiguer."

Les seins de l'Art, c'est à peine s'ils existent. Ils se matérialisent dans la peinture, y perdent leur vérité et semblent factices.

Voici une Vierge au sein mignon, rond comme un flacon de parfum ou comme la panse diaphane de l'un de ces vases où l'on met un simple lis et qui sont si délicats qu'ils ressemblent à ces ampoules de laboratoire, au verre si fin, qu'elles tombent en poudre lorsqu'elles se brisent au lieu de se casser comme du cristal.

Les seins des femmes de Botticelli sont des seins qui semblent leur faire envie à elles-mêmes.

Les seins que peint Cranach sont des seins de femmes gothiques, idiotes et provocantes.

Les seins vêtus de l'Art sont souvent des seins plus enchanteurs que les seins nus. Ainsi, les seins de Léonard dans leurs robes au décolleté rond.

Ceux que peint Bronzino sont des seins vêtus de draperies.

Les seins les plus vrais de l'Art sont ceux de Tintoret lorsqu'il peint sa maîtresse, le sein nu, ou qu'il place une petite feuille verte de mûrier entre son corsage et le sein pour lui donner plus de relief ou de fraîcheur.

Tintoret ne voulait pas perdre de temps à contempler sa maîtresse complètement habillée dans les poses de ses nombreux portraits et, pour ne pas perdre le plaisir des yeux, il lui découvrait un sein, un sein opulent de femme, au nu rustique et exubérant, et il le mettait au frais, de sorte qu'il resta à l'air et au frais pour l'éternité.

"Contemplez cet échantillon de ma maîtresse, semble-t-il dire, c'est le type de femme dont on voit qu'elle n'a qu'un rôle à jouer : s'offrir."

Le sein le plus naturel de l'Art est celui de la maîtresse de Tintoret qui, dans les salles du musée du Prado, montre son sein ambré, bien culotté par les vernis à l'odeur forte et l'insistance des pinceaux.

Sous le soleil de Madrid, au cours des ans, ce sein a mûri et embelli, a su conserver cet optimisme des matins, d'une belle indépendance, aussi indifférent à la mort du roi qu'à celle d'un critique d'art. Le musée ouvre tous les matins avec l'optimisme de l'Art. Ah ! l'optimisme que cela m'a rendu les jours où je croyais pourtant mourir !… "Mais le musée ouvrira aujourd'hui ses volets métalliques à la lumière sereine et détachée de tous les musées ! me disais-je ces jours-là pour m'apaiser, prêt à mourir avec résignation.

C'est toute cette lumière tiède et sucrée qui donne sa plénitude au sein de la maîtresse de Tintoret, sein semblable au fruit frais débordant de la coupe qui trône sur le buffet familial.

Magnifique sein que celui de *la Vanité* de Véronèse !

Les seins de Rubens sont des seins faux, sans prestance, et semblent secs malgré leur opulence. Ce sont des seins d'Allemande mollasse, trop blanche, désossée et sans cartilages. Chez ces femmes de Rubens, il n'y a de réussi que le geste, tel celui de la femme aux bras croisés qui semble soutenir ses seins du petit trône royal ainsi formé.

Les seins de Titien sont comme des ananas nature, avec cet ambre de l'ananas que l'on vient d'éplucher, sans son masque de sauvage en costume de cérémonie.

Les seins de Goya sont des seins discrets et élégants. Toute femme élégante peut prétendre avoir des seins à la Goya, bien dressés, avec une grande vallée au milieu. Des seins que continuent à habiller Worth et Paquin.

Les seins de Vélasquez sont durs et un peu grossiers.

Ceux de Watteau, des petites poires de la Saint-Jean.

Ceux du Greco, des languettes, des triangles tombés, des seins percés à coups de couteau.

Ceux de Téniers, comme des citrouilles roses, etc., car je ne vais tout de même pas me mettre à parcourir les salles des musées et risquer de passer pour un froid classificateur.

Les seins de l'Art n'en peuvent plus de sottise. Ils sont vides. Le sein est doux par nature – c'est pourquoi la peinture ne lui vaut rien –, et il doit être réellement tendre – c'est pourquoi la sculpture ne lui vaut rien non plus. Il doit être vivant – c'est pourquoi aucun art imitatif ne peut le servir, une pomme ou une éponge seraient plus susceptibles de l'imiter.

Tout au plus, je le répète, les seins de Tintoret, avec leurs mamelons comme personne ne les a jamais peints, atteignent la transparence de verre qu'ils doivent avoir sur la chair. Même le geste naturel de la main campagnarde, qui retient avec force le pan de vêtement pour montrer le téton, est réussi.

De même, ces vieillards de Tintoret qui attrapent par les seins les femmes qu'ils découvrent au bain !

*

Mais le sein de l'Art qui m'a le plus ému, c'est celui d'une Vierge enceinte, cachée au fond d'une église de Malines, que les guides ne mentionnent pratiquement jamais.

Le sein de cette Vierge était exagéré pour une Vierge et avait une forme conique avec tous les éclats tournoyants du cône que nous aimerions toujours trouver dans un sein.

On voyait que les seins de la Vierge maternelle étaient gonflés de lait et l'on comprenait le plaisir de l'enfant, auquel on donne toujours un sein trop chiche, à jouer avec celui-là. Ces seins qui durent être aussi agréables au toucher qu'au regard, car on pouvait y savourer une volupté cérébrale voisine de celle de la géométrie dans l'espace, sont les plus propres à endormir un enfant, car les enfants aiment s'endormir les mains accrochées aux seins plantureux de leur mère. Pauvres gosses que ceux qui cherchent vainement le sein sur la poitrine de leur mère ! Comme ils regardent avec envie les amies de leur mère dotées de gros seins !

LES SEINS DU RELIQUAIRE

"Restes de sainte Anacharie", disait l'étiquette, sur la châsse aux vitres plombées.

Finalement, pour dresser un nouvel inventaire plus précis des reliques, l'un des moines les sortit à l'air libre et, en arrivant à la célèbre relique de la sainte, son crâne peut-être, peut-être son cœur ou peut-être son âme, il fut saisi d'émotion, s'empara du précieux joyau et se mit en devoir de défaire précautionneusement les diverses et nombreuses enveloppes ou pièces de tissus qui l'enserraient.

Ce fut d'abord du satin vert bordé de passementerie d'or, puis un fin tissu de soie avec une bordure de ruban orange, mesurant bien plus d'une aune, qui faisait plusieurs fois le tour des reliques.

En dessous, très ajustée à l'objet, il y avait une housse de taffetas cramoisi, à la couleur fanée par le temps, et comme doublure, à l'intérieur, une gaze blanche qui en faisait deux fois le tour, jaunie et en lambeaux. Il y avait encore un autre voile de soie, d'un rouge flamboyant. Telle était la vénération portée à cet objet, depuis la nuit des temps, qu'on n'avait cessé de le recouvrir d'enveloppes successives, tenant pour sacrilège le fait de le découvrir.

Lorsque, à travers tout ce chatoiement, la chose fut près d'apparaître sans voiles, il s'avéra qu'elle était encore étroitement enveloppée d'un fin tissu de lin, non pas d'une pièce ou de deux, mais de plusieurs bandelettes étroites.

Le moine remarqua qu'il s'agissait de quelque chose de doux et qui procurait un plaisir particulier sous la main. Comme il était pur et qu'il était entré tout jeune au couvent, il n'avait, de la douceur de ce contact, qu'un vague souvenir d'enfance : le sein de sa mère qu'il tétait.

Finalement, plein de crainte, d'ivresse, sous l'effet d'un délicieux picotement, il arracha les derniers voiles et dénuda un sein, le sein de la sainte, prodigieusement bien conservé par d'admirables embaumeurs ou par un miracle, peut-être.

Le moine alla en rendre compte à son supérieur.

"Un sein, c'était un sein !

— Que personne ne le touche !" dit le recteur.

Toute la communauté défila devant le sein vierge et martyr qui fut soumis aux regards comme il l'aurait été sous les doigts car il était fatal que le spectacle fût d'une volupté morbide et peccamineuse. Le ton rosé de ce sein était demeuré intact, tant les embaumeurs savent peindre les lèvres et farder comme des actrices les yeux des embaumées.

Cette relique, ce sein de la sainte, causa la dissolution de la communauté religieuse. Tous les moines s'en furent de par le monde à la recherche d'un sein qui ne leur fût pas interdit, un sein à l'image de celui de sainte Anacharie.

Mais auparavant, ils transférèrent à la cathédrale le sein palpitant, vivant, tendre et tout enchiffonné et, sur l'écriteau, au lieu de mettre "Le sein", ils écrivirent : "Le cœur de la sainte."

CEUX DES GAMINES DE CE QUARTIER

On ne sait ce qui s'est passé dans ce quartier, mais toujours est-il que les gamines y arborent des seins opulents et tombants de femme mûre. Peut-être le doivent-elles au fait qu'elles sont filles de parents débauchés, infectés de l'increvable microbe qui, en quelque sorte, est lui-même fils des femmes de bordel qui sont choisies pour la qualité de leurs seins. (Les enfants sont issus de la cellule maternelle, de celle du père et du microbe de la syphilis hérité de la femme de lupanar tapageuse et lascive, de sorte que les enfants sont doublement à l'image de ce type de mère.)

On ne peut rien présager de l'avenir auquel sont destinées les fillettes. Les garçons leur soufflent trop de choses en passant, et tous les hommes leur glissent des propos qui les corrompent. Les gamines de ce quartier sont comme des femmes qui ne savent que faire, car il leur manque encore bien des années avant de se marier. Leurs seins sont fils de la perversion de leurs parents. Ce sont des seins qui font pitié car ils pendent de leur poitrine d'enfant comme deux rats morts.

Que le diable nous garde de tomber dans les pièges de cette nouvelle humanité, qui ne manquera pas, à vingt et un ans, de voir sortir sur sa peau des taches suspectes !

LES SEINS DE CELLE
QUI VA ACHETER LE CAFÉ

Fière de ses seins, elle entre, cafetière au poing. Le soir tombe – c'est l'heure où les hommes qui ont fini leur travail éprouvent le besoin de boire une tasse de café – et on dirait qu'elle revient d'une journée de pâturage qui a généreusement gorgé ses seins replets, abondants et rebondis.

La façon dont les femmes se répandent à travers les rues du quartier des meilleurs seins est analogue au retour d'un troupeau de chèvres aux pis gonflés, ce qui leur donne une allure particulière tant elles sont encombrées de leurs débordantes mamelles.

Celles qui entrent dans les cafés, parées de leurs seins magnifiques, ont une manière hautaine de dire : *"Plus de café que de lait*."* Peut-être parce qu'elles peuvent elles-mêmes remplir le besoin éventuel de lait pour couper un café trop fort.

Elles traversent le café comme des "verseuses" de lait, se regardant dans toutes les glaces. En voyant leur devanture, on est pris de l'envie de tendre sa tasse.

Tout le café s'attend au paradoxe : qu'on verse à ces bonnes laitières du café au lait dans leurs pots à lait.

Quand elles repartent du café, elles s'en retournent plus complètes, plus pleines, plus arrondies.

---

* Les Espagnols prennent généralement du café au lait. A cette époque, on l'achetait volontiers au café pour l'emporter à la maison. *(N.d.T.)*

Dans la rue, en les voyant telles des porteuses d'eau qui ont la charité de laisser les assoiffés boire à la régalade à leur cruche, les hommes leur disent : "Ma belle, tu m'offres une gorgée ?…"

LES SEINS DES CHÉRUBINS

Lors du concile de Néponucée, il fut longuement discuté, avec de violentes altercations, de la question de savoir si les chérubins avaient des seins.

Au moment de dessiner la poitrine des chérubins, car, dans les premiers conciles, on dessinait toutes les choses qui ne pouvaient rester vagues et indéterminées, il fallut bien parler des seins. Ces êtres à la voix délicieuse et aux chairs délicates qu'étaient les chérubins avaient-ils des seins ? Tant qu'à mettre quelque chose, certains voulaient mettre à l'emplacement des seins les petites cornes de la vigne, ces sortes de vrilles ou de boucles qui ont un goût aigrelet de mamelon.

Ces prêtres primitifs, qui mangeaient avec leurs doigts et mastiquaient bruyamment comme des porcs des trognons de laitues et de choux-fleurs, firent des discours sirupeux sur les seins des chérubins.

"Ils sont diaphanes, dit l'un, comme s'ils étaient faits de ces nuages blancs qui ne sont ni de pluie ni de grêle ni de neige.

— Lorsque les chérubins volent, dit un autre, leurs seins remuent avec une volupté toute pure, dont sont incapables les femmes.

— On les sent de loin, ajouta un autre, et même moi, pauvre pécheur, j'arrive à sentir, dans mes moments de pure extase, de quelle façon ils caressent l'air, la manière qu'ils ont d'étendre le frôlement de leurs tendres contours à travers les plus grandes distances."

Ces curés d'alors, qui plus que des prêtres étaient de rudes moines, ne se lassaient pas d'ajouter des charmes aux seins chérubinesques.

Seul, l'un d'eux, de mauvais poil, dont la soutane était en fort mauvais état et le cordon des plus grossiers, dit :

"Les chérubins n'ont pas de seins car, s'ils en avaient, pour mystiques que vous puissiez les imaginer, nous les toucherions comme on touche des doigts les rebords du bénitier et nous chuterions tous en enfer après ce contact paradisiaque."

Malgré cette opinion, les seins des chérubins furent admis par cent trente-deux voix contre vingt.

LA CRAINTIVE

Elle avait les plus beaux seins du monde. Elle s'était rendue chez un expert pour les faire expertiser, et il lui avait dit qu'ils valaient vingt millions. Les femmes qui s'y entendaient le mieux faisaient leurs délices de ces seins et la célèbre comtesse – qui était plus un comptable qu'une comtesse – avait voulu les acheter.

Elle, elle avait une telle peur qu'on ne les lui volât qu'elle les gardait dans un coffre-fort et il lui arriva même de les placer dans les salles fortes de la banque.

Ce n'est que dans les occasions solennelles, lors des grandes fêtes du grand monde, qu'elle daignait sortir ses seins du coffre et les arborait sur sa poitrine.

"Mme Rosalda y sera, se disaient à voix basse les invités, et portera ses deux seins, uniques au monde…"

Le salon où elle avait choisi de se rendre s'emplissait très tôt de gens. On n'hésitait pas à payer une fortune rien que pour la voir gravir les marches, tous les invités massés sur le balcon haut et large – digne d'un musée – du palier qui donnait sur l'escalier de marbre.

LE XYLOPHONISTE DES SEINS

Cet homme subtil et soucieux avait toujours rêvé de découvrir la tonalité des seins, leur polyphonie.

"Parce qu'ils en ont une, pensait-il, ils en ont une. Chaque sein a une nuance musicale. Le tout est de la trouver."

Dans les cabinets particuliers, les femmes demeuraient impressionnées lorsqu'il tirait de la poche intérieure de sa redingote un petit marteau dont il frappait leurs seins. On eût dit le dentiste lorsqu'il donne de petits coups sur la dentition du patient, ou le médecin qui ausculte ou examine par un procédé nouveau.

"Ce qu'il faut perfectionner, c'est le marteau… Les seins ont leur note parfaite, mais il est très difficile de l'en faire sortir. Ce qu'il faut perfectionner, c'est le marteau…"

Et il perfectionna le marteau, grâce à quoi, un jour, il put assembler les notes les plus délicieuses pour un concert idéal.

Il disposait en rang les femmes aux seins différents, depuis les seins aigus, criards, frivoles et retroussés comme les cornes des petits chevreaux, jusqu'aux seins opulents, tombants, graves qui donnaient la basse ; parfois, il était inutile de faire sonner le sein droit ou le gauche car ils donnaient une note étrangère à la gamme dont faisaient partie les femmes. Le marteau se gardait bien de frapper ce sein atonal.

Elle avait quelque chose de fantastique, la silhouette du grand et extraordinaire xylophoniste devant ces seins soumis, qui s'offraient avec une endurance sincère comme si les plus émouvantes de leurs notes étaient directement sorties du cœur. Parfois, lorsque le morceau était long et violent, une certaine douleur se dessinait chez la femme au sein le plus sollicité, le gauche ou le droit, qui tenait la note la plus haute et la plus souvent répétée de la partition.

LE SEIN CATHÉDRALICE

Le plus gros de tous les seins, je l'ai vu dans une cathédrale. Il se trouve dans la cathédrale de Ségovie. On le montre aux touristes, et ils restent effarés de trouver un tel objet en un tel lieu. On croirait, à le voir, qu'une grosse matrone chrétienne a ouvert son grand corsage pour donner la tétée à tous les Enfants Jésus de l'église.

Il est placé près du tableau d'une Vierge que l'on vénère au Mexique. Il est tout seul et, plus qu'à un ex-voto, il ressemble à un haut-relief. Il est curieux de le comparer aux seins que porte sur un plateau la pauvre sainte Eduvigis (à qui on les coupa) et qui ressemblent à une paire d'yeux globuleux ou à deux œufs frits très denses sur lesquels, au milieu du blanc, on voit la tache rougeâtre d'un jaune mi-éclos.

C'est là le vrai sein cathédralice, et les chanoines, qui rangent leurs ornements et leurs robes violettes dans les tiroirs de cette chapelle, regardent subrepticement ce sein inattendu.

La cire en est noircie, sale, poisseuse, avec une crudité de chair mercenaire. Il semble que l'artisan des seins, après avoir examiné la magnifique matrone qui réclamait un sein pour remplacer celui qui pourrissait, conclut qu'il n'en avait aucun en réserve pour faire la paire et fabriqua alors le sein le plus grand du monde, ce sein de la cathédrale, le seul sein digne de ses hautes murailles, le sein de son architecture.

Depuis que je connais l'existence de ce sein dans la cathédrale, je trouve l'ombre de celle-ci perturbée par ce monstrueux sein solitaire, qu'il conviendrait de voiler d'un mouchoir de dentelle, comme le fait une dame plantureuse qui donne à téter à son enfant dans les jardins publics.

Ah ! l'audace de ce sein qui défie le temps et dont la cire se transforme lentement en marbre !

LES SEINS DU STYLE

Le style possède les seins les plus purs et les mieux balancés que l'on puisse connaître, de ceux qui n'admettent pas la caducité.

Il y a des phrases augurales dans lesquelles on trouve un sein délicat qui nous console de la monotonie qu'est la fête de l'existence.

Moi, dans mes premières œuvres, je ne caressais que les seins d'un style dominé par une adolescence plus bouillonnante qu'aucune autre, aux rougeurs d'érésipèle. C'est ce fatras de fanfreluches et d'excentricités qui a donné le style que voici, car il n'y a pas de fruits sans les fleurs et fioritures de ces adolescences pleines de sève créatrice, difficiles et désespérées comme un martyre.

Les seins du style sont des seins soupirants, pleins de câlines cajoleries, d'insignes délectations.

Les seins du style peuvent être rouges-gorges, noires-gorges, tendres-gorges, avec toutes les nuances imaginables et toutes les broderies et paillettes possibles.

Souvent, on les trouve dans une phrase et, parfois, à l'occasion d'un seul mot. C'est ainsi que, lorsque nous disons *"afrodisia"*, nous éprouvons, dans cette parole, la douceur de plume d'un toucher de sein idéal, cette chose à la fois finement gantée et dégantée que représentent les seins.

Il y a, dans le style, des seins lourds de stupeur et de faiblesse, d'où émergent, parfois, surtout dans le castillan le plus pur, des seins durs, secs, tendus, des seins de paysanne farouche et rebelle, des seins semblables à des calvaires, mais dans lesquels gît un fond de concision qui en fait des seins admirables et évidents.

Seins enjôleurs du style ! Nous marchons tranquillement, apaisés, perdus sous les frondaisons de l'improvisation et soudain, voilà que surgissent ces sacrés seins du style, les seins aurés, auréolés, pâles et opalins, fulgurants, qui font du livre respectable un bouquin putassier. On sait bien où se nichent les seins du livre, leurs spontanéités en forme de seins aurirosés et agrémentés de toutes les grâces.

Quelle file sans fin que les seins du style et quelle douceur est la leur !

Quel tumulte de seins, celui du livre ! Seins marrons et cimarrons, seins bourgeons, seins mignons, seins insolents, seins saillants et assaillants, seins spirituels, seins melliflus, seins sacrés et consacrés, seins évanescents, seins eucharistiques qui ne sont qu'une vague brise, seins hauts comme des jardins suspendus, seins qui se mettent sur leur trente et un ou qui se vident goutte à goutte, seins fascinants d'élasticité et d'une indépassable douceur.

Je n'ai jamais cessé d'être ému par les seins du style, minaudiers, chatoyants, protéiformes, pulpeux et palpitants, aux élixirs inconnus variant selon la composition ou la sonorité des paroles qui les moulent dans le plâtre.

Mon insistance stylistique m'a fait découvrir cette fraîcheur des seins et ces fruits vivants, non les seins rances et momifiés, aplatis entre les pages les plus mortes des dictionnaires, mais les seins qui survivent, inaltérables et présents, qui ont des appas que n'importe qui peut facilement savourer, qui sont un éclair lumineux entre les mots. Quel fidèle amour pour les mots *vivants*, surpris dans les trains, cueillis dans les restaurants, recueillis sur les éternelles rames de papier pleines de ces mots chéris, et que je dérobais comme un avare aux regards indiscrets incapables de comprendre cela ! Un amour si grand est seul capable de tirer des mots de si capiteuses allégories, sans affectation.

Les seins du style sont comme d'édéniques bourgeons – bourgeons que personne ne réussira à déflorer ou à gâcher complètement – adorables fleurons aux joyeuses couleurs.

Les seins du style ne sont pas pour les usuriers du style qui nous mitonnent des seins par trop sirupeux, ils sont pour ceux qui ont bien vérifié les mots, mais sans outrance, car l'excès est la pire des choses, ce qui met la trichine dans les seins.

Les seins du style sont comme ceux des houris, parés des franges les plus brillantes qui leur font un halo tout autour, comme s'ils portaient une immatérielle tétine.

Parfois, le style ne fait qu'imiter les seins, c'est le cas du style emphatique, enflé de son propre vide. Seins qui se défont comme bulles de savon dans l'air des salons de la déclamation oratoire !…

Les seins du style sont non seulement des seins vivants mais encore des seins qui s'agitent, parfois orgiaques et convulsifs, d'autres fois sans un frémissement, pareils à des statues, quand ils sont inscrits dans le marbre d'un paragraphe attique.

Chaque bonheur de style, chaque parole fleurie, chaque période bellement arrondie est un sein, et un sein qui n'invite pas à la luxure mais à la douceur.

Les seins du style bouillonnent et dégorgent, et leurs rondeurs s'arrondissent davantage.

Ils sont lumineux, radieux, vibrants, lunifères, gorgés d'ambroisie, lisses, pleins de liesse, et, composés de mots pleins de tendresse, ils débordent de tendresse.

Ces seins hétéroclites du style sont les seins d'un arrière-monde, ils ne s'épanouissent pas sur la plaie purulente d'autrui, dont vers et vermisseaux feront un jour, à l'heure de la putréfaction, leur miel.

Célestes seins du style, le mot lui-même suggère l'incorruptibilité et semble les avoir inventés et mellifiés pour la grâce alors même qu'ils ne vivaient pas pour cette pure émotion. Le mot "seins" lui-même se gonfle en deux ballons de baudruche.

Pour le style, les seins sont comme une rhapsodie dans l'harmonie de laquelle on a plaisir à se lover. Le style a envie de dire qu'ils sont brillants et, en effet, ils le sont.

Face aux seins de toutes ces mignonnes et mignonnettes qui se baladent aux alentours, les seins du style sont comme des seins anthropomorphes.

Les seins du style sont riches d'orfroi et de filigranes car leur incessante pléthore leur permet toute la richesse imaginable.

Quels beaux seins dans l'alchimie du style !

La peau des seins du style est plus lustrée que celle des seins réels et en devient plus claire et transparente.

Les seins du style s'ornent, au lieu d'un mamelon, d'une mèche allumée.

Les seins du style sont de sésame incorruptible et sont, en un lieu toujours inaccessible, de véritables huîtres perlières.

Les seins du style seront toujours bourgeonnants car, ils sont, par nature, toujours en bourgeons.

Les seins du style sont plus goûteux qu'aucun autre et ils se balancent ou se rétractent comme ne peut le faire, avec ses deux pauvres ciboulettes, ses deux résidus de viande, la femme véritable.

Les seins du style sont illustres et leur coupole touche le ciel de l'avenir.

Oh ! combien de seins par le monde se sont évanouis ! C'est pourquoi, pour éviter ce naufrage, l'art arrive enfin et les embaume dans le style grâce à son caractère impérissable.

Face aux seins de la vie au fond fangeux, les seins enivrants du style demeureront comme des calices archétypaux.

Face à ces bulles et bullettes que sont les seins de la vie, les seins du style sont solides comme de grandes pierres gemmes.

Les seins du style gargouillent comme une fontaine, lactifiés et lunifiés de mots.

Si l'on pouvait faire les sermons profanes qu'exige la vie, il y aurait, dans mon sermonnaire, un sermon sur les seins du style, et je les montrerais aux yeux de mes suffragants, nettement détachés, comme une imposante guirlande du frontispice, comme de délicieux éclats du style.

Encore un effort, purs amis du style pour trouver ses véritables seins et gardons-nous bien d'en user avec vantardise et fanfaronnade, creuses péroraisons gonflées de fausses arguties.

Que la fête du matin soit un rite consacré aux mots où le verbe est verve et non verbosité.

Touchons ces seins astraux à faire pâmer, qui ne laissent pas cet arrière-goût de terre que laissent les autres. Cherchons les seins ineffables et indicibles pour qu'existe une espèce différente de seins sur cette terre. En combinant tous nos mots, nous pourrions arriver, par des voies différentes, à trouver enfin ces seins mirifiques, inénarrables et versicolores, car le verbe est aussi inépuisable que le nombre.

Ces babioles que sont les seins, témoins à deux sous d'une vie qui ne vaut pas grand-chose, doivent nous rendre roublards, sarcastiques, flegmatiques, sardoniques et nous tirer de notre crédulité, de notre aveuglement, de notre poursuite myope et hypocrite de la femme qui a des seins, certes capiteux, mais si bêtes…

Toi qui n'as d'estimable que ton châssis et rien de plus, pourquoi tentes-tu l'homme comme le piano tente le musicien assoiffé de musique ?

Double colifichet qui n'est jamais encombrant même quand c'est une énigme insignifiante ou futile.

Seins alabastrins, éburnéens, fleurdelisés au fond, incandescents, flamboyants, érectiles !

Dans l'art du style, les femmes sont adamiennes*. Toutes nues, elles montrent leurs seins pomponnés, fructueux, fruités, diaphanes, grappillés, pleins de mots engloutis qui leur donnent l'exultation et révèlent leur quintessence.

Le saint des saints du style, sanctuaire sacré des seins quelque peu chimériques sans cesser d'être toniquement humains !

LES SEINS DE DOÑA INÈS

La seule nudité de doña Inès que connut don Juan** fut celle de ses seins. Les seins de doña Inès qui formaient un seul renflement, petite colline sous la bure, dévoilèrent le creux qui les séparait au moment où elle s'évanouit, où elle perdit son bel équilibre et où tombèrent ses voiles.

Ensuite, dans son palais sévillan, don Juan chercha les seins, les trouva, les moula pour s'en souvenir car il comprenait très bien que la fatalité s'acharnait sur lui. Mais s'il perdait doña Inès, pouvait-il cesser d'en garder le souvenir autrement que saisie par la partie la plus saisissable de sa personne, ses seins ?

* Les adamiens ou adamites étaient des hérétiques du XIᵉ siècle qui, se réclamant d'Adam, pratiquaient le nudisme. *(N.d.T.)*
** Il s'agit du romantique *Don Juan Tenorio* de Zorrilla, le plus populaire en Espagne, qui enlève doña Inès de son couvent et la transporte évanouie chez lui. *(N.d.T.)*

Du moins n'oublia-t-il jamais ses seins comprimés par le cordon que les nonnes utilisent pour les assujettir. Il s'assura de leur présence, vérifia qu'ils dormaient bien, joue contre joue, comme dans les médaillons où l'on voit deux enfants ainsi, serrés dans un ovale.

Don Juan fit rouler sa tête sur les seins d'Inès, sans qu'elle s'en doute, cherchant de ses tempes et de sa joue le relief de leur coussin. Il ne put jamais les oublier.

LES SEINS DES JEUNES FILLES
DU CONSERVATOIRE

Elles vont enrobées de mousseline rose et trônent sur les grands portefeuilles à partitions. Elles sont comme des coupes qui vibrent tout le jour, durant les longues heures de classe, car tout le fond du conservatoire est plein de sons, de musiques, du bruit des petites cuillères sur les petites panses des verres de cristal.

Les jeunes filles du conservatoire ont des seins qui, grâce à la musique qu'elles apprennent, seront toujours bien conservés. Les vieux professeurs injustes mais humains font le plus grand cas, pour distribuer les mentions, du charme plus ou moins grand des seins des jeunes filles du conservatoire, des seins qui ont une petite ganse nouée sur le mamelon.

LES SEINS D'HÉLOÏSE
ET DE BÉATRICE

Les seins d'Héloïse étaient semblables à ceux de Béatrice et ceux de Béatrice étaient semblables à ceux d'Héloïse.

Ces deux grandes héroïnes de la littérature et de l'amour ont des seins qui ne tombent pas sur le corset – le corset est pervers – mais sur cette besace que forme leur robe sur la ceinture qui la serre un peu au-dessus de la taille. Ces héroïnes marchaient à pas mesurés, regardant précautionneusement la terre pour éviter qu'une dénivellation de leur marche ne fît tressauter leurs seins.

Dans les seins de Virginie, d'Héloïse, de Béatrice, de Geneviève, il était charmant de trouver la lourde qualité de la chair alors que leur personnage avait l'apesanteur romantique de l'esprit, l'allure impalpable et planante que donne à l'être l'exaltation des grandes passions. Leurs fiancés, leurs adorateurs, leurs poètes, qui ne touchèrent peut-être jamais leurs seins, espéraient – et c'est ce qu'ils préparaient dans leur exultation lyrique – qu'elles leur laisseraient enfin palper la palpitante naturalité et la dureté de leurs seins. Oh ! la dureté des seins de l'immatérielle et idéale beauté !

Aucun être humain ne pourra connaître un plaisir plus grand que celui-là. Cela vaut bien qu'on prie et qu'on se purifie pour mériter un jour la récompense de toucher, chez la dame éthérée et idéalisée jusqu'au délire, cette part matérielle de son corps, ses seins réels pendant de toute une pesanteur que suggèrent les courbes avachies de leur plastique.

O vous, seins d'Héloïse et de Béatrice, seins qu'elles-mêmes ne comprirent jamais, mais qui pendiez en seins légitimes de leur poitrine, vous êtes bien ce proéminent paradoxe qui exalte la vie.

LES SEINS DE LA RÉGION D'ABAY

Dans cette région d'Abay, aux Indes, où la coutume veut que, le jour où elle devient pubère, la jeune fille, peinte en rouge, soit lâchée dans les prairies afin d'y être possédée par le premier qui l'attrape, les seins des femmes sont rouges avec des rayures jaunes. On dirait des cibles car les rayures rouges de leurs seins sont concentriques alors que le reste du corps est rayé verticalement. Tout le monde est heureux dans la région d'Abay où il n'existe qu'une espèce d'arbre dans lequel il suffit de planter un poignard pour en faire jaillir des sources d'une profonde douceur.

Il fallait bien que cette sorte de sein existât quelque part dans le monde, et c'est là qu'on les trouve. Au cours des danses, ils provoquent une sorte de fugue de ronds comme ceux qui s'exhalent du bon tabac pendant les heures épaisses.

LES SEINS DE LA FEMME AU NEZ PLAT

Chez la camuse, les seins prennent une saisissante importance. Le nez s'est sacrifié pour mettre en avant les seins, les rendant plus précieux, plus désirables. Cléopâtre avait le nez plat, mais devait avoir des seins qui dansent tout seuls la danse du ventre au rouge nombril.

La camuse aux seins vifs et ondulants est celle des sœurs qui trouve le plus vite un mari. Le nez court rend plus discrète l'expression de son visage pour laisser les seins s'exprimer et s'étaler à leur aise.

La Nez-plate, aux seins enchanteurs, affolera les hommes comme si elle les chloroformait, comme si elle leur fourrait la tête dans un lit moelleux pour les étouffer, comme si elle leur collait sur la bouche une compresse de coton pour les asphyxier.

Chez la Nez-plate, on dirait que le téton fait un pied de nez de tout son mamelon camard. Ses seins se redresseront avec une grâce faubourienne le jour où elle rira de l'aventure du mariage – car les larmes ou le sérieux enlaidissent – parce que le rire est assuré avec elle à l'heure des audaces qui succèdent à la noce, au moment où toutes les hypocrisies sont inutiles et où il faut prendre le contre-pied de toutes les résistances qui s'expriment.

LES SEINS EN SÈVRES VÉRITABLE

La femme mince, dont la taille se cambrait dans la lumière, passa la porte de l'antiquaire.

"Que désirez-vous ? M'apportez-vous quelque éventail ?"

L'antiquaire, la voyant sans aucun paquet, crut que c'était l'une de ces femmes qui tirent, on ne sait d'où, un éventail, un éventail ancien qui, déployé, illumine la boutique des reflets de ses paillettes.

Mais elle, s'approchant de lui, lui murmura :

"Je vous apporte des seins en sèvres véritable.

— Mais passez donc", lui dit l'antiquaire en la conduisant dans le petit bureau où il traitait la vente des bijoux les plus précieux.

Elle y passa, de l'air décidé de la femme prête à tout et elle exhiba ses seins sous le nez de l'antiquaire.

"De Sèvres, de Sèvres ?" faisait l'antiquaire sans cesser de les tourner et retourner comme des vases dont on chercherait la marque.

"Mais oui, regardez le tampon."

Et la femme qui possédait les seins du sèvres le plus pur, qui savait où se trouvait la froide cicatrice de la marque, lui dit : "C'est ici."

L'antiquaire montra derrière sa loupe un œil stupéfait par l'authenticité de ces seins, puis il se mit à compter les billets de banque de la transaction comme l'on compte des feuilles de papier à cigarette.

Et la femme aux purs et véritables seins de Sèvres sortit de la boutique, toute lisse, comme celle qui vient de vendre le dernier de ses bijoux de famille.

LA FEMME AUX SEINS POUR L'ÉTÉ

Ce que cette femme avait de mieux, c'était qu'elle ne transpirait pas l'été. Elle prisait cela comme une distinction et ne cessait de le claironner, se donnant des airs comme si elle était dignifiée par le grand honneur que lui conférait ce privilège.

Cette singularité l'avait pourtant mise en danger en certaines circonstances car, durant ses maladies, elle n'arrivait pas à transpirer et les médecins ne savaient que faire pour la faire réagir. Heureusement, sa froideur de marbre désarma la maladie.

L'été, on fondait devant sa fraîcheur. Ce qu'elle avait de plus frais, c'était ses seins, qui ressemblaient à deux sorbets de crème glacée surmontés d'une pointe de fraise, avec ce mélange de jaune pâle et de rose qu'affectionnent les pâtissiers.

LES SEINS PLEINS D'OR

Moi, qui suis l'écrivain des seins, leur critique d'art, celui qui en a commencé la collection et qui n'admet plus ni les doublons ni les falsifications qu'on offre de tous côtés, je ne me laisse pas abuser par les seins.

Des seins particuliers, accrochés sur la poitrine d'une femme menteuse, catin en catimini, en proie à toutes les contradictions de son métier, finirent cependant par m'entraîner où ils le voulaient. Je trouvais très antipathique cette femme qui gérait son corps comme s'il était constitué de coupons

dont elle découpait chaque nuit le nombre nécessaire qu'elle désirait échanger contre de l'argent.
Elle insista si bien, elle prévint si bien mon aver-
sion pour elle qu'elle réussit à m'embarquer. Moi,
je me laissais faire avec cependant la ferme décision de m'asseoir sur un fauteuil, d'examiner la
marchandise et d'éprouver aussitôt une migraine
épouvantable.

Sa chambre était un boudoir rose bonbon pour
les gogos. Elle me rappela la décoration des salons
de thé minables où, des lampes aux miroirs, tout
est recouvert de gazes roses pour éviter que les
mouches n'y laissent leurs traces. On croyait entendre
les clients de passage désireux de laisser leur
empreinte dans l'alcôve rose.

Je m'installai dans le fauteuil et elle me dit ce
qu'elle voulait. Elle me montra ses seins, deux seins
du genre caoutchouc qu'ont les femmes qui rôdent
la nuit, de la couleur sale des tétines d'enfant usées
qui ont trop roulé par terre. On aurait dit qu'ils étaient
accrochés à son cou avec force comme s'ils voulaient l'embrasser brièvement mais jusqu'à l'étouffer.

D'accord, je les touchai. L'émotion du caoutchouc qui m'a toujours saisi devant les seins mer-
cenaires s'empara de moi très nettement ; mais,
ensuite, je sentis qu'il y avait, au fond, la dureté de
pièces de monnaie aux arêtes vives ; j'eus la sensation de toucher une bourse en maille d'argent
replète de monnaies. L'argent était serré au fond de
ces seins, la dureté de son métal adoucie par leur
maille de chair. Oh la la ! C'était bien des seins

pleins d'or, deux grandes bourses comme celles de Judas, à la fermeture très froncée et abîmée.

Après avoir vérifié cela, je me sentis très malade et je partis. Pour sortir dans le couloir et m'ouvrir la porte de la rue, la femme rangea ses seins comme l'on range portefeuille et porte-monnaie.

Trimballant ses seins, elle m'apparut, depuis, comme ces changeuses qui portent un sac de menue monnaie pendant sur leur hanche.

EX-VOTO

I

Anna avait grande foi en cette Vierge, placée dans la chapelle la plus sombre de l'église, toute parée d'ornements anciens, perles de jais, galons dorés, aux velours râpés comme les vieux tapis, fanés comme ceux qui recouvrent les cercueils, imprégnés de cette odeur que prennent les étoffes dans les caves. La statue était comme engourdie par un petit vent secret et froid, par un suintement de chapelle funéraire, transpiration d'une terre engraissée de morts, gorgée de puits larges et profonds.

Anna offrait des fleurs à la statue et lui apporta deux vases roses avec des fleurs en papier doré. Elle venait souvent la voir et, soudain, ses visites augmentèrent de fréquence. On comprenait qu'elle aspirait à une plus grande intimité avec la sainte.

Son décolleté était trop plat, trop lisse, sans seins, rien que deux boutons blancs pour en marquer la place, deux boutons comme deux petites verrues exsangues. C'est pourquoi, aspirant à l'amour comme à un sacrement, Anna voulait demander à la Vierge la grâce de deux seins.

Après de longues journées d'hésitation, un jour, elle se décida à donner à sa prière la forme plus visible et plus précise d'un ex-voto.

Elle entra dans une boutique d'objets en cire, une de ces boutiques cléricales, livides et moroses. Tout d'abord, elle ne sut comment demander ce qu'elle désirait au vendeur en blouse couleur cire, à l'air mou et au teint cireux. Elle regarda autour d'elle. Elle papillonna autour des cierges torsadés, regarda les rouleaux qui servent d'ex-voto pour la gorge, elle chercha dans la vitrine où reposent, comme dans une fosse commune, ces restes humains que sont les ex-voto, mais sans trouver ce qu'elle recherchait, l'objet de son désir, qu'elle aurait voulu simplement désigner du doigt en disant : "Ceci."

Le silence devenait insoutenable et, pour le briser, elle dit :

"Je veux un ex-voto.

— Un corps entier ou rien qu'un seul membre ? Un cœur ? Un bras ? Une jambe ? Une tête ?

— Non… Je voudrais…"

Le sang lui monta d'un coup au visage et elle dit, mentant perfidement :

"C'est pour une petite malade de la poitrine…"

Le vendeur, comprenant, lui présenta des seins tout petits, pas plus gros que ces bouts protecteurs que l'on vend dans les pharmacies pour les jeunes mères qui ont mal aux seins.

Le jeune homme, avec des allures de sacristain, baissa le nez, prit l'ex-voto et le lui enveloppa sans mot dire. Elle en demanda le prix, paya et sortit…

Une fois dans la rue, ressaisie, elle inaugura une nouvelle démarche, pleine de désinvolture : elle se sentait plus femme, les seins gonflés du volume de ceux qui étaient enveloppés dans le paquet.

Elle pénétra dans l'église. La chapelle était déserte et un clou était vacant. Elle regarda de tous côtés, craignant d'être vue par la chaisière qui la connaissait. Personne. Elle défit l'emballage, en tira l'ex-voto, l'accrocha au clou avec une gêne étrange et sentit du froid dans son décolleté comme si sa poitrine, ouverte à deux battants, laissait pénétrer le froid pesant de l'église, ce froid qui coule par les interstices des dalles ou à travers les lames du parquet.

Ensuite, elle s'agenouilla, se pelotonna et se pénétra d'attrition pour mieux couver ses seins. Pendant au bout d'un ruban de soie rose, l'ex-voto semblait plein de persuasion et d'espoir et paraissait palpiter ingénument avec une tendresse de chair exsangue, patiente et vierge, sans la moindre touche de rose au bout, mais sans cette rugosité du mamelon dont même les petites filles sont affligées. O seins parfaits et mystiques, d'une féminité irritante et languide !

II

A partir de ce jour, Anna ne manqua pas d'aller offrir ses fleurs à la sainte et, au bout de trois mois, ses seins commencèrent à gonfler, admirables, durs, larges et blancs, d'une blancheur à donner froid et à faire crever de désir, à force de blancheur et de perfection. Ils étaient pétris de lis, d'une pâte céleste, plus douce que celle des seins poussés spontanément et leur pointe se teintait d'un rose indéfinissable.

Peu de temps après, un jour, gagnée par l'agitation et l'ardeur, irrésistiblement poussée par ses seins, elle se laissa séduire par le premier venu. C'est qu'elle voulait les montrer, elle voulait les montrer !

Désormais, obsédée par ses seins, elle échoua dans les maisons aux persiennes closes. Elle aurait voulu les montrer en pleine rue, les arborer tout nus au balcon.

Elle s'adonna à une orgie admirable, ardente, sans fin. Mais, au milieu de sa souillure, les seins enflammés par les boutons de feu des baisers, elle se souvenait de ses autres seins de jeune fille, éternellement vierges, ignorant les morsures, protégés du péché, suspendus à un ruban de soie dans la chapelle de sainte Merveilles.

LE DROIT ET LE GAUCHE

Le sein gauche est celui du cœur ; il renferme le cœur, il l'enveloppe, il est sa cage douce et tendre. Il est plus vivant que l'autre et c'est vers lui que l'on va toujours ; c'est lui et le cœur que l'on soupèse de la main, le tendre sein et le tendre cœur.

C'est pourquoi elles disent :

"Tu oublies l'autre… Caresse l'autre, le pauvre !"

L'autre est un peu mort et un peu froid, il est très loin du sein chouchouté et il est comme le malheureux enfant qui meurt de jalousie, qui voudrait approcher de la caresse, celui qui désire et veut nous attendrir du regard, abandonné sans l'avoir mérité. Cependant, il ne compte pas moins lorsqu'on adore l'autre et, en caressant l'un, on sent les deux, on éprouve une sensation double. Le plus délaissé imite l'autre : il reste comme une richesse intacte, mais sur laquelle on peut toujours compter, telle une épargne en cas de besoin.

Ce n'est pas dans le sein gauche que l'on sent battre le cœur : ce serait terrible, impossible à supporter comme sentir dans sa main serrée les battements chauds et affolés de la poitrine d'un oiseau qu'on a aussitôt envie de libérer. Dans le sein du cœur, il y a une cordialité vivante, bien que la mort y niche aussi, la possibilité, l'annonce de la mort, et c'est ce qui le rend plus passionnant.

C'est pourquoi, lorsqu'on lui caresse le sein gauche, la femme a sans doute le sentiment qu'on veille sur son destin, un destin qu'elle-même ignore mais qui se trouve là… Ainsi, un sentiment étrange l'envahit en se laissant caresser ce sein comme si ce qui l'habite, ce qui y bout, implacable, la dépassait.

Comme ce sein doit être traversé de sentiments indécis, déchiré de soupçons, de vagues présomptions !

C'est pourquoi elles semblent dire en l'offrant :

"Le voici… Je ne sais ce qui le pique, ce qu'il garde hermétiquement ; soigne-le, rends-le favorable

à mon destin, donne-lui du courage car c'est lui qui
mourra le premier… Apaise ma mort."

SEINS DE VEUVE

Les seins de veuve, profondément blancs, s'épanouissent dans le noir. On penserait plutôt qu'ils
sont blanc et noir, ou bien l'un blanc et l'autre
noir, ou tous les deux avec des auréoles et des taches
noires ; mais non, ils sont blancs, aussi blancs que
le blanc est blanc et que le noir est noir.

Surtout le premier jour où elle les montre à nouveau, comme si elle était adultère. L'audace de cette
redécouverte les fait trembler, elle et son nouveau
mari ou amant. La grande liberté dont elle jouit
semble faciliter les jeux interdits. Au loin, le cadavre
tente de se redresser et griffe son cercueil, car il a tout
vu, car il voudrait empêcher cela, car c'est ce qu'il a
pu le moins empêcher, car surprendre cette première
fois est l'acte ultime qui puisse le ressusciter un
moment, rien qu'un moment, un moment après lequel
il mourra définitivement, laissant alors les seins de
la veuve cyniquement autonomes et libérés à jamais.

L'amant ou le nouvel époux, cependant, verra
surgir de la terre profonde deux bras qui se tendent
vers les seins pendants. Comme dans les tableaux
de la Vierge du Carmel et du Purgatoire, ces bras
tendus pour demander un scapulaire.

Le profil de la veuve se détache toujours sur fond
de rideau sombre et, partant, ses seins se détachent

aussi sur le noir profond, sur le noir que découpe sa silhouette comme des ciseaux.

Les seins de la veuve sont comme des seins qui ont tué, des seins mortifères qui peuvent faire une nouvelle victime. Quelle douce ciguë distillent-ils donc ? Ils effraient quelque peu car ils semblent vous coucher en joue comme une arme à feu. C'est pourquoi leur nouvel utilisateur les manie avec prudence, en émousse le tranchant et lutte contre eux avec acharnement, même en pleine passion. C'est une sorte de duel à mort entre lui et eux, et ce sont eux qui rendent les armes, ou le nouveau trésorier.

Les veuves savent quel était le sein préféré du défunt ; le nouvel amant en a le soupçon et veille à ne pas tomber dans la préférence du mort, et change de favori. C'est comme si la veuve avait deux fils, l'un fils d'un premier lit et l'autre fils du nouvel élu. C'est là qu'il faut se surveiller pour éviter les erreurs, car exiger la vérité est impossible, il y a des questions que l'on ne pose pas.

Indubitablement, l'un des seins de la veuve est oblitéré de la marque dont sont exempts les seins des femmes plus faciles d'accès, car seuls les maris manient le poinçon officiel, la dure tenaille des contrôleurs de train.

O seins dissimulés des veuves !

Seins qui, à l'instar des timbres tamponnés des collectionneurs, ont plus de valeur que les timbres neufs ; c'est comme s'ils avaient plus de vie et une inimitable expérience, plus accomplie, comme est accomplie la décadence qui suit la perfection plus que la perfection elle-même.

Seins qui sont morts et ont ressuscité, seins qui gardent en secret, au fond d'eux-mêmes, les vieilles lettres et les anciennes nuits d'amour, tels des secrétaires à tiroirs inviolables.

Les veuves sont plus excitantes avec leurs seins, car elles sont derrière… Derrière quoi au juste ? On ne peut éclaircir cette idée ; on peut seulement dire qu'elles sont derrière. C'est pourquoi, désespérées, elles ont beau mettre en avant leurs seins et les pousser avec une effronterie terrible, désespérées de ce qui les isole, les recule, les éloigne, et s'interpose entre leurs seins et le futur amant, elles n'arrivent pas cependant à rompre l'invisible et fatale glace derrière laquelle elles semblent se trouver… Le nouvel amant y goûte un désespoir qui l'excite, qui l'incite à creuser plus avant comme un chien terrier qui fouille toujours plus la terre, flairant quelque chose, tout près, qu'il distingue déjà avec plus de netteté, même s'il n'arrive jamais à l'atteindre complètement.

LES SEINS DU DIMANCHE

Les seins se réjouissent le dimanche ; ils s'enflent, se bombent, se gonflent comme des éponges. Mais hélas ! quelle tristesse, ils passent en général presque tous le dimanche à bayer aux corneilles, pimpants, pleins mais méconnus, prisonniers, inutiles, à l'écart de la fête !

Les femmes les exhibent comme on arbore aux balcons et fenêtres des maisons fermées les tentures, à l'occasion des processions, pour ensuite, passé le cortège, rentrer ces ornements et ces seins que l'on a longtemps préparés en vue de ce dimanche si plein de désirs d'approches, de frôlements, d'enveloppements, de contacts avec des matières lisses et agréables.

Les seins du dimanche, plus légers, plus propres qu'aucun autre jour et comme amidonnés de frais, rendent plus triste le dimanche. Ils le rendent plus irrémédiable.

Les seins du dimanche sont pleins de rubans, mais de rubans intérieurs et d'applications délicates. On croirait, à les voir sortir, qu'ils marchent vers leur apothéose, mais ils ne vont nulle part, ils ne vont que décrire un cercle vicieux autour de leur avarice sordide.

Tristes seins du dimanche, raides, solennels, ingénus et neufs comme les robes neuves étrennées le dimanche, plus amers et plus doux que jamais ! On les dirait habillés d'une robe de baptême et couverts du bonnet de dentelles dont on couvre la tête des enfants pour la promenade, les jours de fête. Pauvres seins intimidés qui perdent des éternités sans en avoir conscience, enfants sans père ni mère ni avant ni après leur naissance !

Ceux qui sont restés à la maison sont affalés sur les chaises longues du dimanche.

CELLES QUI FURENT TUÉES
PAR LEURS SEINS

Il y a des femmes aux seins splendides et rebelles qui sont consumées, aspirées et "suicidées" par leurs seins. Leurs seins ne pouvaient demeurer vierges et abstinents. Elles leur imposèrent leur volonté têtue de chasteté et leurs seins, en colère, se retournèrent contre elles, entamant une lutte sourde, une terrible rébellion. Ces femmes employèrent leurs heures exubérantes à aplatir leurs seins, dans un combat désespéré, une lutte terrible contre eux.

Mais leurs seins furent vainqueurs, se fortifièrent à leurs dépens, leur arrachèrent les entrailles, les vidèrent et se tendirent au vent comme d'arrogants étendards dont elles n'eussent été que la hampe décharnée. Défaites, elles regardèrent leurs seins triomphants, les seins qui leur avaient volé leurs poumons, les leur avaient séchés, et elles pressentirent leur fin. Leur mort s'ensuivit rapidement, car il n'y a pas qu'une balle de revolver pour contrarier la vie : une absurde abstinence le fait tout aussi bien.

LA MÈRE ET LES DEUX FILLES

La mère et les deux filles ont toutes trois une poitrine proéminente. Elles marchent fièrement, buste au clair, comme pour un assaut à l'abordage. Les promeneurs s'écartent devant elles comme la mer s'ouvre devant une proue effilée et décidée.

Flanquée de ses deux filles, encore belle et bien plantée, et semblant leur sœur au dire de tous, la mère avance, pleine de l'orgueil d'être la matrice de ces seins semblables aux siens, partagée et multipliée en ses deux filles comme si elles étaient des pétales détachés de sa corolle, débordante de la satisfaction de démontrer à l'évidence que l'éclat de ses filles n'est pas un éclat vain et courant, éclat éphémère qui se fane vite, mais, comme le sien, un éclat palpable et durable.

LE JONGLEUR DE SEINS

Il avait constitué une précieuse collection de seins frais, sphériques, petits, polis, aux éclats carnés, aux reflets qu'on ne pouvait confondre.

Il en jouait devant le public et le séduisait.

Un, deux, trois, quatre, cinq, six, sept, huit, neuf, dix, onze, douze, treize, quatorze. Il les lançait, les rattrapait, les lançait encore, si plein d'amour pour eux qu'aucun ne venait à tomber ; car il savait bien qu'ils se seraient fait mal en tombant, et c'est pourquoi il ne les entassait jamais à la façon des jongleurs qui ne travaillent qu'avec des balles solides ou des assiettes en métal.

Il rayonnait de bonheur, heureux de son art, plein d'une passion et d'une fidélité telles qu'il n'en aurait jamais fini son numéro, emporté par l'ivresse de faire voler sous son amoureux regard les quatorze seins de sa collection tandis que, durant l'incroyable intervalle où ils étaient en l'air, il en gardait en permanence deux entre ses mains, seulement deux, pendant que les autres dessinaient leur courbe aérienne, aussi difficile à maintenir que gracieuse.

Tout le monde en était témoin et chacun goûtait les délices de ce numéro peu commun. L'air vibrait d'un sillage de volupté et d'inconcevable grâce, et le public se sentait disposé à applaudir, face au suave élément qu'il maniait si bien et dont le regard pouvait soupçonner la belle qualité comme si on la tâtait de la main.

C'est ainsi que le jongleur de seins nubiles n'abandonna pas la piste du cirque, répétant son numéro, montrant au monde la séduction des seins transformés en un jeu banal, ironique, digne des seins triviaux et infatués d'eux-mêmes.

LES SEINS DANS LA DANSE

Toutes les femmes, qu'elles soient destinées à une vie de quiétude ou, au contraire, d'inquiétude, devraient apprendre un pas de danse créé tout exprès pour développer toutes les possibilités de grâce de leurs seins. Lorsque la femme nue s'approche de nous, elle perd, à marcher lentement, le charme de la danse légère mais vive du pas qui doit être le sien en avançant.

Toutes devraient apprendre intimement cette danse suave mais animée ; or, seules les ballerines la connaissent et la pratiquent.

Les seins éprouvent la folie de la danse avec une frénésie qui fait parfois peur parce que l'on a l'impression qu'ils vont s'enflammer, qu'ils vont prendre feu à force de se frotter l'un contre l'autre. Ils semblent tomber très bas et se redressent comme des bras ; on dirait qu'ils se détachent et tombent comme ces balles reliées à la main par un élastique, qui rebondissent sans jamais se détacher de la main, qui y reviennent toujours ; de même, les seins retournent, même après avoir paru s'en être nettement détachés, à leur place d'origine.

Dans la danse, les seins sont inégaux, capricieux. Il y en a toujours un plus long, beaucoup plus long que l'autre, qui descend de son côté tandis que l'autre remonte et reste comme accroché tout en haut, craignant de tomber. De la sorte, dans la danse, au cœur même de la danse de la femme, comme sur une scène en miniature, les seins dansent seuls une danse plus déchaînée, plus effrénée, une danse qui est comme le foyer de l'autre danse, une danse centrale, effrontée, désespérée, tourmentée, pleine de chocs douloureux et voluptueux ; la danse au cours de laquelle les seins des danseuses se pétrissent, se flétrissent et s'usent, et dont ils sortent chaque nuit plus moulus, macérés ; la danse qui les consume et les ramollit.

Sous la cadence, ils sont ce qui rompt le rythme, ce qui met une note de révolte, d'audace, de désordre, de dérèglement.

Ce sont les seins qui donnent de la fluidité à la danse, et la danseuse, dont les seins dansent, danse avec quatre bras, car les seins sont des bras plus libres, des tentacules idéaux.

On dirait que les seins de la danseuse vont rester animés d'un mouvement perpétuel comme ces horloges où, sans fin, monte et descend un petit balancier.

Les seins dans la danse sont comme une mer en furie dont la houle donne un vertige enivrant.

Ah ! si les soutiens-gorge n'étaient pas solides et bien arrimés par leurs bretelles aux épaules, comme les seins s'échapperaient, comme ils se précipiteraient sur le public, tels ces ballons que les clowns lancent aux spectateurs pour qu'ils en jouent et, ensuite, les leur renvoient ! Il y a parfois un moment où l'un d'eux s'échappe, hors de lui. Et la danseuse, affolée, le retient avant qu'il ne s'envole, le contient à pleines mains et le remet à sa place en un clin d'œil. Mais trop tard, le public a eu le temps de le sentir venir vers lui et le heurter doucement au front, un peu comme ces pétales de rose que l'on gonfle et fait éclater sur sa joue.

Les seins dans la danse n'appartiennent pas à l'homme : ils s'émancipent, et s'offrent sur l'autel des sacrifices ; sur l'autel où brûle le feu, ils se vouent au dieu viril qui goûte de telles offrandes, ils se consument ardemment sur l'autel comme des agneaux offerts en holocauste. C'est dans la danse que les seins sont le plus loin des hommes ; c'est alors que personne ne peut les approcher, qu'ils sont les plus solitaires, les plus religieusement consacrés à eux-mêmes.

Langues de feu de la danse ! Gouffre suprême, tourbillon de la leçon de vivre que peut donner le spectacle de la vie, nécessaire signal d'alarme qui sonne la libération des cœurs, pour qu'ils deviennent exaltés, révolutionnaires ! Mais les seins idéaux de la danseuse idéale seraient ceux qui, en s'entre-choquant, sonneraient comme des castagnettes…

SEINS DE SIRÈNE

Les seins des sirènes étaient troublants, ils ruisse-laient d'eau, plusieurs petits filets d'eau les parcou-raient toujours et tombaient par les mamelons comme ces fontaines qui coulent goutte à goutte. Toujours mouillés, ils avaient toujours un vif éclat, huit reflets qui rehaussaient l'élégance de leur galbe et de leur modelé. Ils avaient la robustesse des algues, cette solidité qui fait que, quand on s'en empêtre en passant sur la plage, on ne peut s'en débarrasser, on les emporte bêtement et on éprouve même l'envie de les manger. Rude, fluide et féminine qualité des algues !

Les grands poulpes de la mer se collaient aux seins des sirènes et les pressaient doucement sans vouloir s'en détacher.

Les seins des sirènes étaient comme des seins de phoques, à cause de leur côté charnu, dur et mou à la fois, et les petites tapes qu'elles s'y donnaient claquaient avec un doux clapotis. Dans la main ils avaient le poids d'un poisson qu'on soupèse, ils étaient comme deux daurades, une dans chaque main, avec ce poids dense, compact, un peu métallique, et malgré tout léger, des poissons. Ils étaient résistants à tous les pincements et ne se plaignaient jamais. On était gagné par la panique à les voir si résistants, et l'homme qui les touchait devenait plus soumis et plus reconnaissant encore devant le pouvoir de la femme qui les lui laissait prendre.

DERRIÈRE LES VITRES DÉPOLIES

Derrière les vitres dépolies des cafés où s'activent des serveuses, on pressent des seins plus propres que ceux des prostituées, et beaucoup moins usés. Parmi ces seins, on en trouve de timides et d'irrésolus, qui n'ont pas osé franchir le pas : le pas de la prostitution.

Il faut voir comme elles apportent leurs seins aux clients en apportant le plateau avec la bouteille et le verre ! On dirait que c'est surtout leurs seins qu'elles apportent sur un plateau idéal et que c'est là ce qu'elles vont servir après l'avoir débouché avec l'allure grave et solennelle qu'on met à déboucher une bouteille de champagne.

Pour écouter le client, pour le servir, pour le pousser à revenir, elles se penchent sur lui de l'autre côté de la table, lui donnant mentalement le sein, le troublant, l'éblouissant, comme si elles lui jetaient des roses au visage.

Ces seins de serveuses sont contraints à la réserve tout le jour, et ce n'est que la nuit qu'on les laisse aller à leur guise. Ils sont dissimulés et, dans certaines limites, honnêtes, car ils ont derrière eux de longues heures de conversation, d'accrocheuse attente, et ils sont suffisamment exempts de la souillure des femmes de bas étage. Ce sont des seins de femmes qui ne veulent pas tomber complètement, de beautés qui aiment la paix, mais de femmes enhardies par les confidences.

A travers ces vitres dépolies, on voit les ombres chinoises de quelques seins acceptables. Il y a beaucoup de cafés aux vitres dépolies, c'est pourquoi le nombre de ces femmes est si grand et, dans cette quantité, se cache un mystère. Quelqu'un profite bien de ces seins, faciles mais presque occultes, de ces seins qui ne veulent ni se gangrener ni périr trop tôt ; si bien que certains échappent à toute enquête.

Nous avons donc pensé que, derrière les vitres dépolies de l'un de ces cafés pleins de lumière mais toujours pleins de solitude, il y a, à l'insu de tous, une belle jeune fille recherchée de tous côtés par sa famille, retenue contre son gré par le maître des lieux qui la domine et la séquestre dans un réduit fermé.

SEINS D'ACTRICE

Les seins des tragédiennes sont des seins pleins de tragédie, gonflés du lait de la tragédie, et que les sédiments de l'art ont emplis d'une flore de souffrance.

Lorsqu'elles sont légères et infidèles, elles ont indéniablement – et sans le mériter, sans doute – les mêmes seins sublimes que ceux sur lesquels leurs mains angoissées, au paroxysme de l'action dramatique, se sont portées, des seins qui ont resplendi tout au long des tragédies, des seins comme des roses thé, mélancoliques, au parfum adéquat, des seins comparables aux pétales des roses thé dont la frisure est si gracieuse et si désabusée.

Les seins de la tragédienne ne sont pas aussi nobles qu'il y paraît et, généralement, ils ont des complaisances pour les hommes vulgaires ou riches et convenables. Cette faiblesse est plus insupportable chez ces seins dramatiques qui devraient faire preuve de plus de désintéressement. Ils abusent de l'art qui les habite pour s'offrir aux êtres les moins artistes. Ils bradent de façon déplorable tout l'idéal qu'ils ont reçu en partage.

Quel dommage qu'ils se comportent si mal alors qu'ils sont si bien portés dans les rôles nobles du drame, qu'ils sont si intéressants dans la souffrance éloquente du théâtre ! Ils devraient être réservés aux êtres capables de caresser en eux toutes les héroïnes ; or, au lieu d'être émerveillés de cette passion qui en eux vénère tous les autres, ils se donnent à des hommes qui ignorent tout de cela. On devrait enfermer au sein des décors toutes ces femmes aux seins dramatiques, les seins attendris et consacrés par l'Art ou, du moins, ils devraient n'appartenir qu'à l'homme le plus apte à comprendre le drame. Mais, sans nul respect pour ce qu'ils se doivent, ils ne s'offrent qu'au béotien, se refusant même au comédien qui joue le rôle de leur amant et auquel ils ne permettraient même pas le moindre frôlement dans les coulisses, lieu où, pourtant, l'on profite toujours de leur pâmoison pour essayer de les tâter.

Les seins des actrices de comédie et de tous les autres genres sont des seins montés du col, hypocrites, apprêtés, sournois, qui n'ont pas atteint à la sincérité de la danse ; ils plastronnent sans bravoure, avec un maintien insolent et vaniteux. Souillés, même si on ne peut prouver la souillure, ce sont des seins dont le parfum s'est évanoui plus vainement que tous les autres.

LES SEINS POSTICHES

La femme se déshabilla en tournant le dos comme quelqu'un qui a un peu honte d'une lingerie pas très propre, puis, osa enfin se montrer. Elle, qui avait séduit grâce à la splendeur de son buste, comment pouvait-elle être si décharnée ? Ah ! elle ne possédait pas les seins qu'elle semblait arborer ! C'était une imposture.

C'est pourquoi elle prit cet air affligé et craintif, de peur d'être repoussée. Cependant, la découverte du subterfuge pour attirer l'homme dans la rue et lui faire passer le pas de la porte, l'habile escamotage des faux seins – carton, caoutchouc, vessie ? – lui donnait une valeur inattendue, comme si ses seins imaginaires avaient été une provocation des plus subtiles.

LES SEINS DE LA GRAVE MALADIE

Les seins dolents, profondément enfouis sous les draps ou sous le châle de la malade qui s'assied par moments sur son lit, sont des seins qu'un homme n'ose toucher si la maladie est grave. On les ignore par respect pour cette gravité. On craint qu'ils ne puissent ressusciter, mais on respecte l'oubli dans lequel ils sont. Qui sait ? Si la malade s'en sort, peut-être réapparaîtra-t-elle sans eux, qui l'ont nourrie pour la sauver, qui se sont sacrifiés pour elle, qui se sont consumés dans la fièvre ou qui ont été offerts, par elle ou par vous, pour sauver sa vie, et elle n'en aura peut-être conservé que des moignons, des nœuds semblables à ceux des arbres.

Parfois, on dirait que les seins de la malade sont une promesse de survie. Sans le risque de se perdre, ils ne seraient ni si doux ni si splendides. Ils persistent, et c'est un signe d'espoir. On les frotte à l'alcool, on leur pose des sinapismes, et des ventouses tirent et tètent leur vie, comme pour les débarrasser de la maladie, comme pour l'emporter au loin. Lorsqu'il faut qu'on lui mette de la teinture d'iode, on a beau veiller à ne pas les enduire complètement car les poumons se trouvent sous eux, l'iode, ardent de désir, se laisse couler sur leur pente glissante, se répand de plaisir sur leur peau, et les seins en restent rougis, irrités et cuisants sous le liquide qui pénètre leurs pores. Les pauvres malheureux !

Dans la maladie grave, on sent les seins en danger, pelotonnés sous la chemise, n'osant sortir ni leur tête ni leurs yeux comme autrefois, soumis à la maladie mais espérant en réchapper.

Il ne faut point abuser des seins malades. Il faut les laisser tranquilles et emmitouflés. Ils sont comme des enfants malades près de leur mère. Elle est la parturiente qui dort entre les deux seins perdus comme se perd le nouveau-né dans le lit des parents.

On redoute qu'ils ne fassent souffrir les femmes ou qu'ils ne s'abîment, ces seins que l'on a traités avec tant de frivolité et qui, dans la maladie, se transforment et acquièrent une dignité.

Par moments, on dirait des seins inhumés, déjà sous terre, des seins que l'on ne trouverait pas, même en les cherchant. Ah ! si l'on pouvait couper les seins des femmes pour les conserver, comme on coupe leur tresse !

Ce n'est que dans le cas où la malade est considérée comme perdue qu'il faut prendre congé d'eux, leur donner la main et les toucher pour la dernière fois.

LE MATIN

Les seins, le matin, très tôt, ont une tranquillité, un abandon semblable à celui de l'accouchée après la délivrance… Qui donc y pense ? Ce sont les seins des femmes qui font le ménage, qui font la chambre, qui les oublient elles-mêmes plus que jamais dans l'oubli général… Cependant, il arrive que l'homme pense à eux dans la matinée et, en les découvrant sous le peignoir entrebâillé, il est enivré comme on l'est par l'alcool, le matin, quand on n'a pas encore récupéré toutes ses forces...

Les seins, le matin, se rafraîchissent sous les amples robes de chambre, s'emplissent, sous la douche matinale, d'une rosée intérieure qui les assaisonne comme ces laitues toutes fraîches de rosée que nous avons mangées crues dans les matins d'été.

Les seins, le matin, sont comme des seins de femme qui nourrit car, même si ce sont des seins de célibataire, ils vivent pour la maison à ces heures-là, ils se consacrent à la maison comme la mère à l'enfant ; ils sont tout gonflés de lait, d'un lait nouveau, le lait d'un nouveau matin.

Les seins, le matin, sont amis des plumeaux, des époussettes, des miroirs, des fonds d'armoires, du fourneau de la cuisine, des coffres sur lesquels ils se penchent, des journaux, des étagères, des tables en bois, des coiffeuses à moulures.

Les seins, le matin, ont la qualité des bananes que la cuisinière achètera pour le déjeuner, comme de tout le marché du jour. Ils tiennent à la fois des fruits et des légumes.

Les seins, le matin, s'épuisent au travail, ils se reposent de temps à autre sur les fauteuils et les berceuses, pleins d'une matinale langueur, une langueur très détachée de l'homme ; ils sont en paix, comme ceux des nonnes, abandonnés à eux-mêmes et un peu ensommeillés, libres encore du carcan du corset.

Les annonces publicitaires ont une charge érotique non pas crue ou violente, mais humoristique et un tant soit peu naïve, par exemple, les réclames pour pianolas, où l'on voit cette exquise petite femme, à laquelle nous dirions volontiers deux ou trois choses en nous appuyant sur son piano avec cette pose qu'on ne peut adopter que face aux femmes décoiffées des réclames pour les cheveux, en déshabillé, si fraîches et si exotiques, etc. Mais, par-dessus tout, la femme la plus achevée et la plus "femelle" de ces réclames, c'est encore celle des "Pilules orientales". Elle a désormais acquis dans notre mémoire et dans notre galerie féminine une place irrévocable.

C'est une femme impudente, une sorte d'odalisque, qui nous prodigue, depuis on ne sait quand, son sourire turgescent et si sexuellement aguicheur, montrant l'ourlet frais et séducteur de ses lèvres et laissant tomber les commissures de sa bouche aussi voluptueusement qu'une femme haletante de plaisir. C'est une femme exclusivement charnelle, tout en buste, un buste étroit et long, plein d'allure, d'un cynisme affirmé, cruel, trompeur, affectant de se donner pour mieux repousser ensuite ou attaquer avec fourberie et se défendre farouchement, buste plein de la méchanceté propre aux coquettes qui savent bien fourbir leurs armes, cornes pointées pour des coups bas.

Cette femme est inoubliable, véritable femme vampire et, à côté des femmes de nos amours, de nos voyages et de nos livres, c'est elle que représente l'éternelle femme des revues et des journaux, dans la plénitude de sa sensualité, tout désir et toute ardeur.

C'est la femme des grandes villes, voluptueuse et mordante avec une retenue inimitable, citadine des grandes villes dont le corps aguiche d'une manière inconnue en province et à la campagne, qui a beaucoup vécu, qui a entendu les compliments les plus audacieux, dont la chasteté s'est vivifiée du désir des hommes, jeunes gens et ouvriers des grandes villes, et qui sait, avec un égoïsme sûr et aigu, ce que c'est qu'être femme, jusqu'au point même où l'on est en droit de craindre qu'une femme sache si bien qu'elle est femme... O fatalité, effronterie calculatrice et irréparable de cette science !

Et cette image en sa grossière beauté, que le peuple trouve distinguée, est inimitable, crapuleuse beauté, troublante et libidineuse. C'est en vain que l'on a réuni dans un même but publicitaire des femmes distinguées, d'une fausse sveltesse, exagérée, visiblement redessinées, aseptisées, sans caractère, trop polies ou romantiques, trop élégantes et naïves, trop bien faites et sentant trop la réclame et l'arnaque... Mais cette femme est inimitable par ce qu'elle a de vivant, et c'est par cela qu'elle attaque la matière grise et donne le frisson de l'adultère, des sensualités irrépressibles, désespérées, que l'on cherche en vain à camoufler. C'est une femme vivante et obsédante, dont je surpris le lubrique secret le jour où une petite et blanche fiancée me

dit qu'elle allait s'acheter des "Pilules orientales".
Je me souviens que je me retournai vers elle, jaloux
et courroucé, serrant les dents et, lui tordant les poignets, je lui interdis, plein de dégoût, de panique,
d'étonnement, mains et pieds glacés à l'imaginer,
elle, délicieuse et prudente, affublée d'appas empruntés, factice morceau de viande capable d'infidélité,
de désobéissance, de désordre, de turpitude : louche,
dissonant et superflu, comme plaqué ignominieusement sur sa nudité candide, tiède et tendre.

Ah ! ces seins qui ont poussé sous l'effet des
"Pilules orientales" ! Seins qui semblent faits de
ces substances blanchâtres dont sont pleins les fla-
cons qui vont finir au marché aux puces ; seins qui
semblent gonflés de pâte dentifrice ; seins en pure
pâte de caoutchouc ou de colle ; seins sans relation
avec la poitrine dont ils surgissent ; seins qui servent d'isolants ; seins dont la matière se moque de
ceux qui en jouent !

LES AVEUGLES

Les aveugles sont des hommes qui sentent les seins
par toute leur imagination, par tout ce don mystique qu'ils ont reçu de Dieu.

Ils lèvent leurs yeux morts vers le ciel tandis
qu'ils les tâtent, lui donnant ainsi en offrande leur
invraisemblable trésor.

Aux aveugles, les femmes expliquent les nuances
de coloris et les voyants ne peuvent imaginer les

délices que connaissent les aveugles à entendre, dans leur nuit, ces précises confidences.

Les aveugles possèdent si bien les seins qu'ils seraient capables de les modeler mieux que l'homme qui voit et qui, par là même, perd de vue leur structure, se déconcentre davantage, se laisse distraire, s'égare.

Quand les aveugles rencontrent pour la première fois les seins, quand ils les découvrent, ils en restent éblouis, s'emplissent entièrement de leur vision, en sont extasiés, n'y croient pas mais s'en pénètrent lentement, lucides et fascinés comme ils ne le seront plus jamais.

SEINS DE CIRQUE

Sous la splendeur de la lumière blanche du cirque, on voit des seins ronds et francs, les seins des sensuelles affiches. On les voit au centre de la perspective qui leur convient et leur attitude est celle des seins qui se sentent au centre de l'attente et de l'adoration.

Les seins de cirque sont défendus par la force de l'artiste et, comme la grâce, ils demeurent au cœur de la femme opulente. L'artiste du cirque est du sexe faible, sans vigueur, on le voit à ses seins découverts, des seins sur lesquels elle est tant de fois tombée en répétant ses périlleux exercices, des seins qui nous rendraient sa mort encore plus douloureuse. On les voit souffrir, contraints de prendre part à ces exercices violents qui devraient leur être interdits. Ils demeurent devant elle, outragés, comme pris en flagrant délit, et lui font perdre l'aspect bravache qu'elle veut se donner.

Les seins des femmes de cirque les attendrissent elles-mêmes, les humanisent et les rendent aussi gamines qu'elles devraient être. On dirait qu'ils pèsent autant que les lourds haltères qu'elles soulèvent à la force du poignet et, lorsqu'elles se lissent et plaquent les cheveux avant un nouvel exercice, elles semblent soulever, comme pour montrer leur puissance, leurs redoutables seins. Comme elles sont maîtresses de leurs seins ! Celui qui les recevra en partage le devra à leur bon vouloir condescendant et il ne leur témoignera jamais assez de gratitude.

Exquis contraste que celui de leurs seins avec leur musculature ! C'est la raison pour laquelle les femmes de cirque sont si tentatrices car, intrépides et fortes, elles n'en ont pas moins des seins de femmes tendres, vaincues de haute lutte par un faible adversaire.

Les seins de la gymnaste sont des seins idéaux auxquels on voudrait se suspendre comme à des agrès pour faire d'idéales voltiges et des sauts périlleux au-dessus d'un abîme cotonneux.

Les seins de cirque montent et descendent avec violence ; ils résistent à de terribles écrasements et à des meurtrissures ; ils ont de la force au lieu de l'apathie des seins des autres femmes et, surtout, quand il s'agit des trapézistes, il y a un moment furtif et passager où on les voit clairement. Les autorités feignent de n'en rien savoir tout comme l'hypocrite décence affecte de fermer les yeux. C'est si bref ! Mais c'est dans cet infime intervalle que l'on aperçoit mieux que jamais, et bien mieux que lorsqu'on les a sous les yeux dans leur pleine nudité, leur intime secret, leur émotion profonde.

L'ÉTERNELLE FIANCÉE

L'éternelle fiancée est une demoiselle qui, après avoir eu de nombreux fiancés, reste à jamais fiancée. Elle a mérité le mariage plus qu'aucune autre ; mais elle n'a pas eu de chance, elle est tombée sur des numéros impairs, de mauvais numéros perdants, des numéros d'infidèles, des boules noires. C'est surtout en province, là où il a des casernes, qu'on trouve beaucoup de ces éternelles fiancées.

L'éternelle fiancée accepte un nouveau fiancé avec un sourire encore empreint de bonté, crédule et heureuse. Elle est douce pour lui, le dorlote, le croit, l'écoute. Elle n'est pas endurcie, même après une telle série de fiancés.

La pauvrette espère encore et cultive le dernier fiancé aussi amoureusement que le premier, bien qu'elle soit saturée, suintante de tant de fiançailles. L'œuvre que réalise, qu'a réalisée et que réalisera encore l'abonnée aux éternelles fiançailles dépasse les limites humaines.

Celui qui l'emporterait – personne ne l'emportera – trouverait en elle le baume consolateur, qualité que lui ont donnée ceux qui l'ont laissée sans consolation. Tous la plaqueront parce qu'ils flaireront que c'est une éternelle fiancée et un instinct semblable à celui de l'oiseau qui sent que des mains humaines ont touché ses petits les poussera à la laisser mourir toute seule, ignominieusement abandonnée.

C'est sur leurs seins que se manifeste le plus leur état d'éternelles fiancées. Ils sont très mous, des mains passagères les ont amollis – une mollesse de seins de femme mariée depuis longtemps et pourtant, elles sont absolument vierges. Personne ne se rendra donc compte du charme que contient ce paradoxe ? Seul le roi des gourmands, qui sait choisir un gâteau ou la meilleure friandise dans la pâtisserie qui en regorge, saura choisir ces seins désolés, innocents, abandonnés, aussi savoureux que la meilleure des bananes épluchées par d'autres mains, apprivoisés par d'autres. Ah ! ces seins qui ne peuvent dissimuler leurs excessives complaisances, car ils sont aussi mous que des figues très mûres et très douces ! Ah ! ces seins, aussi pleins de sagesse que de désillusion !

LES FILLETTES

Beaucoup portent leurs seins sans même s'en rendre compte ; mais d'autres en sont conscientes. Certaines de celles qui le savent regardent avec un étonnement émerveillé leur poitrine naissante tout comme, plus petites, elles regardaient leurs jambes, surprises d'en avoir ; d'autres la regardent avec une malice qui, en miniature, est celle qu'elles auront, devenues femmes.

On ne sait que penser des seins des petites filles ; mais on les regarde, inévitablement. Parfois, on ne sait si c'est leur robe qui leur invente des seins ou si elles en ont pour de bon ; d'autres fois, on ne sait si c'est le frisson léger de la soie bouillonnée de leur blouse qui imite les seins. N'est-ce que le tremblement de la soie ou celui du sein libre, non encore assujetti au corset ? Il y a beaucoup de mystères dans les seins des petites filles, de grands et de petits mystères. Les grands mystères entraînent rapidement la fillette. Où va-t-elle donc, les yeux fixes et ouverts ? Un dieu, de ceux qui avaient commerce charnel avec les femmes, les suit, les guette, ne veut pas les abandonner aux hommes. La surveillance qui les entoure sera déjouée par le puissant endryague*.

La pensée de ce que seront plus tard les seins des petites filles auréole ces seins embryonnaires. Parfois, on sait d'avance lesquels seront splendides et feront se pâmer les hommes. Ils seront alors inaccessibles, sauf à l'homme clairvoyant qui cultive la fillette depuis qu'ils pointent, certain de ce qu'ils vont devenir en peu de temps ; il patiente et lorsqu'il s'avère qu'il a eu raison, la fillette, reconnaissante envers lui de l'avoir devinée, ne peut plus l'oublier et lui accorde des privilèges.

* Endryague ou andryague : monstre fabuleux. *(N.d.T.)*

Face aux gros seins qu'ont parfois les gamines, on perd toute prudence, et même les petits garçons se sentent des hommes et disent à ces fillettes des choses plus énormes qu'eux, des choses qui, lorsqu'ils s'entendent les dire, les effraient eux-mêmes, se sentant subitement devenus des hommes, les hommes de ces femmes précoces. Les gros seins des petites filles sont, bien plus que les plus gros seins des plus grosses femmes, les seins les plus gros, ceux qui font écarquiller les yeux et font penser que, dans la vie, les vérités essentielles qui ne sont pas encore probantes doivent le devenir.

Les gamines aux petits seins qui ont un fiancé plus âgé qu'elles éprouvent une atroce jalousie en pensant à tous ces gros seins que leur fiancé a déjà connus, des seins d'importance, rivaux de leurs seins, de leurs petits seins qui réduisent et simplifient la théorie de tous les seins, qui surpassent tous les autres et rendent accessible l'idée de sein, abstraite et incernable.

Lorsque percent les seins des petites filles, c'est alors que pointe de nouveau dans la vie la rébellion que l'on contient de manière insensée.

Ah ! c'est enfin inévitable, c'est comme si la petite fille avait franchi les limites, comme si, dans leur course, ses seins sincères avaient coupé le ruban, dans un élan que n'a pu freiner sa famille et que ne pourront éviter les regards.

Les seins des servantes sont des seins qui font naître des sentiments sourds et lourds.

Ce sont des animaux domestiques qui courent en liberté dans la maison, l'égayant un peu.

Alors que c'est si visible, il y a une politesse et une politique hypocrites qui feignent de ne pas le voir. Pourtant, ils donnent à la maison, surtout le matin, plus de gaieté, une atmosphère plus familiale, une saveur plus humaine. Chez les servantes, ils ont l'air de chanter, mais autrement que ne chante leur bouche. Ils donnent à leurs occupations une grâce rustique. Ce sont des seins campagnards et folâtres, ils sont comme l'oignon qui assaisonne l'air citadin de la maison, l'oignon humain et sensuel, l'oignon bon marché.

La maison a beau afficher une dignité bourgeoise, on ne peut dissimuler qu'ils sont véritablement, indubitablement, des seins de femme. Les dames de céans voudraient bien éviter que cela ne se vît, mais en vain. Leur présence est trop éloquente et leurs droits sont plus puissants que toute l'autorité qui domine encore le monde. Leur indépendance farouche est manifeste, on est forcé de l'admettre et la maîtresse est bien obligée d'avaler la pilule.

Les fils de la maison et Monsieur lui-même ne les voient que trop et, parfois, les poursuivent, encore que ce soient des seins ingrats et sales, des seins sans fantaisie, des seins qui ne comprennent pas, mais des seins effrontés qui abusent de leur sombre complaisance ou qui subissent l'affront de l'homme le plus affreusement déloyal qui soit, le Monsieur qui renie en plein jour ce qu'il a fait dans l'ombre.

LES MORTES

On se perd à penser aux seins des mortes.

Les mortes, on ne sait si elles ont eu des seins. La dalle de leur poitrine est plate. Leurs seins semblent être montés au ciel avec leur âme, car les seins sont comme le grumeau de l'âme, les grumeaux de l'âme. Sont-ils montés au ciel ou ont-ils été rendus à la vie qui est demeurée à fleur de terre ?

Dans la mollesse de certaines heures et de certains jours, dans ce qui crée autour de nous un oreiller pour les moments de volupté et de désir, dans les seins que la lune abandonne aux nostalgiques, on retrouve les seins des mortes. Ils sont une douceur si nécessaire que la vie les recueille en secret et avec prudence. De sorte qu'il semble qu'aucun sein ne se perde, sauf pour celui qui en était le maître. Les seins sont inaltérables, c'est pourquoi ils ne peuvent périr.

Comment étaient donc les seins des mortes ? On peut être sûr que la résurrection de la chair sera un grand spectacle ; les habits des mortes auront pourri complètement, et elles ressusciteront, nues et palpitantes, parées de leurs seins à peine recréés, fous et rutilants, et celles qui n'auront pas péché de leur vivant pécheront avec acharnement le jour de la résurrection de la chair.

Les seins des mortes nous apparaissent, lorsque nous y pensons, au voisinage des cimetières ; ils apparaissent comme des seins de cire, opulents, solennels, semblables à ceux des ex-voto, tristes, d'une couleur et d'une carnation élégiaques qui les rend plus attirants : ils sont tous gonflés de viduité, d'intacte viduité, auréolés d'une impassibilité solennelle et exaltante. Ils ont des reflets violacés, sont d'une crudité terrible, ils tombent, endurcis et enflammés, ils tombent avec un grand poids mort. Ils semblent tous avoir la même proportion comme si le moule de la mort les réduisait au même format, réduisant les gros et gonflant les petits, selon une égale mesure, parfaitement ronde et large, comme un moule traditionnel.

La mesure des seins des mortes est celle des seins des héroïnes de Lamartine.

Les seins des mortes sont des seins froids, des seins comme ceux de la femme qui défaille, dans une pose plus appétissante que jamais. Les seins des mortes ont une pâleur incomparable si bien que l'on pourrait dire qu'elle brille comme celle des vases des lampes d'église où luit une lumière perpétuelle, inextinguible papillon d'huile, lueur jaune qui tient du feu follet. Les seins des mortes sont les ruches de leurs feux follets.

Lorsqu'elles moururent, ils s'affalèrent sur les côtés comme jamais, gisant, mous et désarticulés. Nul n'aurait osé toucher leurs seins froids comme le marbre, mais personne n'eût osé imaginer qu'ils allaient pourrir. Ils restèrent ainsi plus de vingt-quatre heures et se remirent enfin, peu de temps après. Ils ne pouvaient disparaître après avoir empli d'émoi quelque chose de plus important que les hommes, les ondes de la vie où ils s'étaient moulés et reproduits constamment.

Les seins des mortes sont un peu comme les seins peints par Tintoret. Ils ne sont pas joyeux, ils ne sont pas joueurs, ils ne sont pas pimpants ; mais, dans la solennité avec laquelle ils avancent, il y a un charme supérieur aux charmes pervers, toujours un peu vénaux. Ce sont tous des seins de reines et ils plaisent de loin – avançant toujours sans jamais arriver –, bien plus que les seins plus accessibles et consentants. A les voir s'avancer peu à peu, dans la nuit des cimetières, tous réunis dans ces espaces clos, on comprend que leur rondeur définitive est celle de seins que nous n'atteindrons jamais dans la vie.

Il y aurait de l'ingratitude, et jusqu'à un point inimaginable pour les esprits bornés et pusillanimes, à ne pas vouloir voir, à refuser absolument de voir les seins de celles qui moururent. Quel manque d'amour que de ne pas voir les seins impérieux et à peine gonflés des mortes ! Ce n'est pas pour rêvasser sur tout qu'il faut atteindre à cette réalité supérieure mais par un respect positif ; au lieu de ce respect vain qui n'est rien, rien, rien. Voir, fébriles et charmés par leur délicatesse, les seins des mortes, les apprécier, les toucher, c'est se souvenir d'elles comme elles voudraient qu'on s'en souvînt, comme si elles étaient toujours vivantes.

Les mamelons des mortes n'ont pas de couleur. Car les morts perdent tout leur sang. C'est pour cette raison que, dans les cimetières désaffectés où recommencent à pousser les fleurs sauvages, ce sont les coquelicots qui abondent le plus ; ils sont le sang qui revient.

Seins des mortes, seins de somnambules auxquelles on cède le pas sans abuser d'elles, par égard pour leur somnambulisme, car c'est déjà bien suffisant de les voir somnambules et décolletées, pour les aimer platoniquement de très près, d'aussi près que j'aie osé approcher leurs seins qui n'ont pas la niaiserie des seins des vivantes, toujours tellement inexpérimentés et qui n'en ont jamais fini de se former !

On tue les seins des mortes de façon insensée, à ne pas les voir tels qu'ils sont, en ne croyant pas en eux avec l'aveuglement qui est le mien. Par-dessus tout, qu'il est beau de voir apparaître les mortes, leurs seins graves découverts, sous l'arche des portes qui font communiquer un espace avec l'autre ! C'est lorsqu'elles apparaissent sous ces arches qu'elles sont le mieux révélées et mises en valeur, majestueuses, surprenantes, séductrices, pareilles à la femme qui vient d'arriver au théâtre et qui, soulevant le rideau de la loge, jaillit toute décolletée et entre d'un air décidé sous le feu des regards.

Les seins des mortes sont la notion la plus adorable qui soit, en marge de la vie stupide, transitoire et frivole. Tant que nous ne les aurons pas vus dans leur simplicité, si abandonnés à leur affolante négligence, nous ne guérirons pas de toute la banalité qui nous écrase. Allons voir les seins des mortes pour rester extasiés devant la forme et la matérialité la moins fragile du monde, et nous offrirons aux mortes la considération qu'elles désirent puisque elles se sont enflées de la coquetterie suprême et véritable.

A l'heure claire où les mortes sont dans leurs tombes, nous pourrions dire, inspirés par nos facultés de voyants, les endroits où sont ensevelis les seins les plus intéressants. Pareils au médium, nous déambulons devant ces stèles.

Si nous ouvrions les petites portes des sanctuaires, nous les verrions étendues de tout leur long, leurs seins au repos sur leur poitrine sans palpitation, comme nous avons vu ceux de ces cadavres des salles de dissection, ou, comme, pour être plus précis, en nous penchant au fenestron de San Carlos, nous avons vu ceux de ces cadavres de femmes jetés dans ce débarras, très bas de plafond et sans lumière.

Les seins sont la réalité la plus éternelle, la réalité dont on ne peut imaginer la disparition totale, ils ont un tel relief que cela ne peut disparaître complètement. C'est pourquoi leurs seins redonnent vie aux mortes, et c'est ce qui a sauvé tout le reste de leur personne. Ils tombent avec un poids plus mort encore, de plomb, mais cela leur donne une plus grande plasticité et nous les sentons comme d'un plomb malléable entre des mains qui ne pourront pas les toucher. Quelle pensée terrible et absolue ! Ah ! si nous pouvions les toucher, ce seraient les seins les plus touchés et les mieux tenus en main.

Dans les seins de la morte se condense toute l'épaisse mélancolie du cimetière : ils concentrent en eux tout ce qui se décharne sous terre. Les seins des mortes ont la vivacité de ceux des photographies de femmes nues que l'on trouve dans les tiroirs des grands-pères morts, et qui, indubitablement, sont des photos de femmes mortes aussi, mais chez lesquelles les seins gardent l'intensité de la vie : leur forme si évidente et si décidée ne peut être anéantie, quand bien même les vers les auraient rongés, comme les pommes ou les poires les plus douces, les forant, minuscules trains dans de profonds tunnels.

Ainsi, même devant les aïeules mortes, on ne tient pas compte des quatre-vingts ans qu'annonce la stèle et on les sent féminines, sensuelles, attirantes comme si elles avaient reculé dans le temps jusqu'à l'apogée de leur vie, jusqu'à leur meilleur moment, tout comme les jeunes filles de vingt ans qui n'en restent pas à leur vingtième année mais ont mûri et se sont arrêtées au moment idéal de leur vie, qui oscille généralement entre trente-trois et quarante-huit ans. Dans la sincérité des cimetières, il arrive que l'on pense sincèrement cela.

Les seins des mortes sont des seins définitifs, aussi seuls que ceux de la femme qui se baigne solitairement, ceux de Diane au bain, ou de la chaste Suzanne. C'est dans cette solitude que nous les voyons, et la sensation de les voir comme nous ne verrons aucun autre sein est augmentée par la certitude de ne pouvoir jamais les arracher à leur solitude, et c'est ce qui, en définitive, nous empêchera de les posséder.

Les mortes, décolletées jusqu'au point où tombent leurs seins, un peu plus bas que pendant leur vie, ornent leurs corsages de fleurs des couronnes, surtout de pensées, qui rendent plus poétique leur décolleté. L'ombre de la naissance de leurs seins est d'un noir profond, un noir de fosse, et les courbes obscures qu'ils dessinent au-dessous sont encore plus sombres que les trous des orbites des crânes de squelettes. On pourrait dire que leurs seins ont des cernes très lourds, des cernes qu'on ne remarque qu'aux seins de certaines femmes, aux petites heures du matin après un soir de fête, des cernes qui exaltent leur forme d'orange.

Les seins des mortes sont des seins de femmes qui ne croient plus en elles-mêmes. Leur véritable fin les a remplies d'idées tenaces, des idées de mortes de cimetière civil car, désormais sans espérance et sans aucune superstition, même en cimetière chrétien elles sont des mortes civiles, des femmes fortes et sensées, libérées des commérages et des sentiments mesquins.

Elles sortent toutes des niches du mur, passant d'abord les pieds, pliant les jambes, sortant ensuite le corps et, enfin, la tête, de la même façon qu'au cirque les artistes quittent la table où elles s'étaient couchées pour faire leur numéro. Elles comparent leurs couronnes, se sourient. Elles s'assoient sur les sépulcres de pierre, qui sont leurs sièges préférés. Elles enlacent les cyprès, s'y appuient, s'y frottent le dos. Elles jouent aux quatre coins et se promènent comme des amies intimes dans les jardins d'un pensionnat de jeunes filles. La lune qui, même le jour, plane sur les cimetières, transformée en une morte de plus, les contemple avec ravissement.

Comme les lépreuses s'accrochent aux grilles de la léproserie, elles s'approchent de la grille du cimetière et leurs seins ressortent entre les barreaux, consolés par le froid et la force du fer. Lorsqu'il pleut, elles se promènent sous les arcades des cloîtres, toujours décolletées, qu'il pleuve ou qu'il vente, car ce sont des femmes que plus rien ne peut tuer, pour la bonne raison qu'avec la pneumonie qui les tua s'acheva la pneumonie.

Seins des mortes ! Quand nous serons morts, nous ne pourrons plus les voir, mais nous aurons le réconfort de penser que personne ne pourra les toucher, la certitude qu'ils continueront à vivre pour elles, mais exempts de soupçons ou de conflits, et qu'ils auront le temps de penser indéfiniment à nous. Cette solution est meilleure que celle de nous voir rentrer en leur possession car, de la sorte, nous nous sentirons plus confortablement installés dans l'éternité, comme dans un hamac suspendu, puisqu'elles sont enfin dans un état qui interdit l'adultère, ce qui est l'essentiel, si bien que nous finirons par nous résigner à ceux qu'elles commirent.

Moi, dans mes moments de plus grande voyance, j'ai vu avancer les mortes, leurs seins solennels sur leurs bras croisés, lentes, n'imprimant aucun mouvement à la pâte renouvelée de leurs seins solides, majestueux, définitifs comme le sont seulement ceux que le sculpteur académique polit jusqu'au maniérisme. Décolletées jusque sous les seins,

153

traînant les longues queues de leurs robes, les mortes avancent vers celui qui s'approche de la grille des cimetières lorsque la nuit est déjà tombée. Leurs seins leur ont permis de se survivre, ont conservé leurs formes. Les hommes morts sont enterrés, demeurent enterrés sous les dalles. Elles y font traîner leurs robes. Les squelettes sont des squelettes d'hommes. Pouvez-vous imaginer des squelettes de femmes amputées de leurs seins ? Non. Leurs seins, plus parfaits dans la mort qu'ils ne le furent jamais dans leur vie, les ont protégées, emplies d'une douce sagesse qui causerait un plaisir mortel à celui qui les toucherait, et c'est comme s'il y avait un écriteau "Danger de mort" qui interdît l'accès aux seins du cimetière, traversés par une haute tension capable de foudroyer les imprudents.

SURPRISE

Il y a eu des cas de lactation chez des femmes n'ayant pas connu d'homme et même chez l'homme.

Cela est affirmé par la Science, mais quelles en sont les étranges raisons ?

Celle à qui cela est arrivé, il semble que ce fut parce qu'elle aimait trop son idéal. Elle méprisa les petits idiots qui encombrent la vie et se consacra uniquement à son rêve, jusqu'à ce qu'un jour elle se sentît plus lourde, plus accablée que jamais sous son propre poids, les seins heureux et voluptueux, pleins d'un doux chatouillis d'une joie profonde et inconnue. Que lui arrivait-il ? Quand elle se retrouva seule, elle regarda ses seins : ô surprise, ils étaient pleins et, de leur pointe ouverte, comme lorsqu'on perce un tube de dentifrice avec une épingle, il perlait une goutte de lait tiède et dense. Cette femme était pleine de son idéal et pleine d'elle-même, c'est-à-dire de ce qu'il y a de plus pur, elle refusa de faire féconder son ventre, cela lui répugnait, elle refusa ce chemin âcre et sale, et c'est d'une façon presque immatérielle qu'elle éveilla ses seins de vierge, ses seins pleins de désir.

Que peuvent penser les parents de ces femmes dont la lactation spontanée est admise par la médecine ? Ils douteront d'elles sans jamais réussir à croire à ce vrai miracle de l'esprit.

Dans les vieux martyrologes, on rapporte le cas d'une de ces filles qui fut brûlée en place publique, car la montée de lait de ses seins, qu'elle ne pouvait justifier, supposait un enfant caché ; soupçonnée d'infanticide, elle fut condamnée.

Ah ! si cette femme bénie entre toutes les femmes, dont les seins coulent spontanément, pouvait venir nous chercher ! Si elle pouvait nous communiquer son secret à l'oreille, nous l'épouserions. Qu'elle nous fasse dépositaire de sa richesse naturelle, car cette source n'est pas de celles que peut tarir un enfant : une nourriture si riche, si pleine d'une essence supérieure ne pourrait que causer sa mort. O lait métaphysique !

LA FEMME SANS SEXE

Chez la femme sans sexe, lisse et close, hermétique et toute blanche, épilée et sans plis, les seins revêtent une importance suprême. Il n'y a rien pour distraire de la tentation des seins et cela leur confère une rondeur parfaite. L'homme pourra, sa vie durant, fouiller ces seins solitaires, il étanchera sa soif au creux de ses mains comme on boit aux sources les plus cristallines et les plus pures. Chez cette femme sans sexe, l'élévation des seins tient du prodige, rayonne, et la féminité s'y concentre sans se gaspiller, sans fuite, sans trouver d'issue. Vraiment, si nous n'avons pas rencontré ces seins de la femme sans sexe, nous ne savons pas ce que sont les seins dans leur apothéose.

LA GÉANTE AUX SEINS COMPLAISANTS

Le désir de seins suffisants se rattache à celui des seins de géante.

Elle existe quelque part, cette géante aux seins complaisants, aux seins qui nourrissent sans compter, aux seins formidables, aux seins qu'on peut presser et sur lesquels l'homme peut se coucher comme dans un lit conjugal.

La géante est couchée dans la grande vallée. Son sourire est condescendant. Elle est vêtue jusqu'à la taille car, autrement, ses jambes paraîtraient monstrueuses et son sexe un abîme immonde et dangereux.

Une longue file de pèlerins s'achemine vers ses seins, d'autres sont déjà agenouillés et prosternés sur eux. Certains se cachent, frissonnants, fiévreux – jaunes de fièvre – dans le pli de naissance de ces seins ; au prix d'une longue attrition, ils guérissent de l'inquiétude dont ils souffraient, causée par le choc ressenti à la vue de seins trop petits. Plus hardis, d'autres se tapissent sous le poids du sein qui tombe sans réellement tomber sur la poitrine et là, dans la tiède pénombre, une bienheureuse paresse les endort, comme après la possession suprême.

Les seins de la géante, en relation avec la lune, comme la mer, ont leurs marées hautes et leurs marées basses, ils sont animés d'une vie intense. Ils sont un peu usés par cet incessant passage et leurs bouts ont cette douloureuse tuméfaction des mamelons mordus par les enfants qui ont fait leurs premières dents alors qu'ils tétaient encore, ou dont les gencives sont enflammées.

O seins de la géante complaisante, seins généreux et abondants, cascade crémeuse, seins pour le repos éternel, seins apaisants, seins vraiment immenses, écrasants à satiété, seins que l'on cherche en vain – toujours en vain ! – sous la fausse – toujours fausse ! – opulence des corsages gonflés !

LE RÉVEIL

Il arrive parfois, souvent peut-être, que l'homme qui se blesse aux épines avec lesquelles les femmes se défendent en retire ses mains égratignées pour avoir voulu cueillir le premier leurs seins pour la première fois et, cependant, il revient à la charge, les prend encore et il est à nouveau blessé.

C'est ce premier explorateur qui a développé ces seins, qui les a éveillés ; ils doivent indubitablement leur croissance à cet homme, qui demeure le seul à s'être piqué aux épines acérées et naissantes, le premier à avoir tenté de les enlever au risque d'être mordu, et qui, cependant, n'aura pas, en définitive, le privilège de remporter ces seins ingrats et de s'en rassasier. C'est le suivant qui en aura la jouissance. Mais qu'il ne se désespère pas pour autant ; la vie le vengera et ces seins, qui grandirent sous ses caresses, seront également flétris par des caresses.

LES SEINS DE LA FURIE

Les seins de la furie sont entraînés de force à la haine. Ils ne souhaiteraient que douceur, mais elle les excite, les irrite, les fouette.

Les attaques de la furie nous font oublier qu'elle a des seins. Ils semblent s'être gâtés dans l'agressivité qui l'agite. Elle ne se soucie pas d'eux lorsqu'elle attaque. Mais, passé le premier mouvement de violente indignation qui nous jette contre elle, contre sa hargne, l'idée de ses seins nous apaise comme s'ils intervenaient pour la défendre avec bonté, s'interposant entre elle et nous comme des enfants apeurés, comme des enfants qui s'interposent entre le père et la mère. Si bien que nous nous disons : "Respectons-la, dissuadons-la et, au lieu d'accroître sa rancœur et de nous venger, pardonnons-lui…" Ses seins répondent d'elle ; craintifs et déchirés, ils souffrent pour elle, et ce sont eux qui paient pour elle… Ce n'est pas possible, ses seins sont si délicats, si patients, si fragiles, si maltraités !

Du calme, du calme, ne vois-tu pas que tu les bouscules, que tu les secoues, qu'ils s'entrechoquent et risquent de se briser ? Calme-toi !… Et on la calme en la prenant par les mains, délicatement, prudemment, lentement. La récompense, c'est qu'on pourra lisser, satiner, lustrer les seins intercesseurs, plus doux, plus beaux, plus délicats, plus suaves encore après la paix, comme s'ils étaient le calumet de la paix.

Ah ! les seins de la furie, tourmentés, lapidés, flottant au milieu de sa folie, se mordant tels deux serpents fratricides !

LES NÉGRESSES

Les négresses aux visages abrupts et aux yeux qui rappellent ceux des scarabées noirs, les négresses aux lèvres de limaces ont les seins les plus terribles de toute la création, des seins qui ressemblent à des outres pleines de vin, des seins éléphantins, des seins comme deux grandes bananes à la peau noire, des seins dans lesquels elles pourraient, semble-t-il, porter leur progéniture, des seins qui imitent les grands récipients coniques dans lesquels elles pilent le cacao.

Elles sont trahies par leurs seins qui, pareils à ces fruits très lourds et très mous, mûrissent rapidement et se gâtent très vite. C'est pour cette raison que leur visage s'abîme davantage et qu'elles ont de grands cernes noirs et boursouflés. Leurs seins les désagrègent et les dessèchent complètement.

Les seins des négresses ressemblent à de grands bubons ardents, mûrs, enflammés, avec des têtes prêtes à éclater sous la fièvre qui les brûle. La négresse se trouve à l'horizon, derrière les Blanches aux seins qui pointent, bien plantée sur ses jambes, ses mains terriblement ordinaires croisées sur le ventre, debout dans une attente qu'elle ne comprend pas, ses seins pendant comme deux fiasques, sans coquetterie, pleine d'une excessive rudesse, dans une attitude de monstre de foire, surchargée, comme un homme qui revient des abattoirs chargé de deux agneaux noirs, liés l'un à l'autre par les pattes, pendant lourdement de chaque côté de sa poitrine.

Sur les seins des négresses brillent comme sur aucune autre femme les cache-mamelons en brillants qui ont l'air de muselières en pierreries pour ces terribles fauves. C'est ainsi que les danseuses noires couvrent toujours leurs mamelons, car la danse risquerait de les réveiller comme des lions, et l'on ne pourrait assister à leur spectacle sans cette barrière protectrice contre une férocité irrépressible visant la poitrine du spectateur.

Les seins des Noires révèlent à quel point ceux des Blanches sont des seins animaux, à quel point leur chair n'est qu'une viande en daube ; ils les déshonorent et les dénigrent. Il ne faut pas l'oublier.

Ils captent la lumière et ses valeurs comme aucun sein blanc ne peut le faire. C'est pourquoi leur galbe est souligné de lumière et luit comme une perle noire. Les noirs se voient mieux que les blancs.

La négresse rit de ses seins comme l'on ne voit pas rire la Blanche. Pourtant, elle en rit sans doute aussi. C'est un rire sinistre, à vous blesser comme une arme ; c'est un rire sanguinaire qui met en évidence les dents blanches, révélant jusqu'à quel point la femme est un animal dangereux. Surtout, au cours de leurs danses, lorsqu'elles les remuent à l'excès, exprès, s'arrêtant avec une félone préméditation, puis accélérant comme pour une rumba africaine, leur raillerie est raillerie suprême et elles abusent de se savoir impressionnantes alors que rien n'indique qu'elles sont impressionnées.

Chez les négresses, les seins en viennent à ressembler à de grands boudins noirs faits, par exemple, de chair hachée d'hippopotame.

Noir cauchemar que celui des seins de négresse, seins accidentés, mal dégrossis, matériels, si matériels qu'on se noie dans leur matière comme dans une mer épaisse, comme dans les eaux de la mer Noire.

Parfois, les seins maternels ne peuvent se rappeler leur sens premier, leur première coquetterie.

Mais lorsqu'ils se transforment, comme ils dépassent leur insignifiante coquetterie première ! Ils deviennent inégaux, ce qui accroît considérablement leur charme. Le sein qu'elles ont donné à téter est le plus grand. L'autre n'a presque pas eu de lait, ce qui en fait, en quelque sorte, un pauvre malheureux qui mérite plus de caresses – même si le premier est le plus fécond et semble encore conserver des restes de lait blanc et condensé.

Pendant la tétée, le fait de voir contre eux la tête du nourrisson dont la couleur est proche de celle des seins nous oblige à détourner le regard même si, en donnant la tétée, ils ne sont plus que des biberons.

Les seins maternels sont douloureux pendant l'accouchement et causent parfois de grandes souffrances après, lorsque le lait se tarit. Cependant, en donnant à téter, ils éprouvent une grande volupté qu'ils sont loin d'avouer, comme si elle était défendue.

Les seins maternels ont des cicatrices parce qu'ils s'enflammèrent et suppurèrent lors de l'accouchement, et il fallut leur faire des ponctions et des piqûres antiseptiques qui firent de leur peau un vrai tamis. Leur aréole se gonfle, dès la première grossesse, de petits reliefs qui subsistent ensuite ; on les appelle tubercules de Montgomery, un nom qui sonne comme une décoration, pour ces seins blessés au combat. Toutes ces tares sont comme les stigmates d'un martyrologe qui les rend plus attendrissants, les a guéris de leur prétention d'objet de bazar, les a humanisés davantage, et qui leur donne plus de modestie, d'expérience, de compréhension et une plus grande maîtrise de leur volonté. C'est pourquoi les seins maternels sont plus protecteurs et traitent l'amant comme un amant et comme un fils.

LE SECRET

Il y a des hommes dont on se demande pourquoi ils sont si amoureux des femmes auprès desquelles ils poursuivent leur chemin. Un secret intense les attire, les pousse à les envelopper, les cacher, à s'approcher comme des myopes de leurs silhouettes drapées dans des vêtements vulgaires.

Le secret, c'est que ces femmes dissimulent leurs seins à tous sauf à eux, avec le même état d'esprit que l'on découvre un jour chez une fiancée provinciale, dont la poitrine nous livre ce qu'on n'attendait plus, très serré, très replié, si violemment remisé, avec une telle force que le sang n'en circule plus et que la découverte s'en trouve pâlie, endolorie et froide. Ses seins étaient pliés et repliés comme des lanternes japonaises rondes qu'il suffit d'allumer et d'étirer pour les transformer en globes lumineux.

Ces hommes qui savent que leur femme garde ce que personne ne peut jauger du regard sont des employés modèles, toujours contents de leur travail, quel qu'il soit, car les seins dont ils sont propriétaires les élèvent au-dessus de tous les autres hommes et l'on peut bien supporter une vie professionnelle médiocre quand on a la certitude de trouver chez soi, à la fin de la journée, des seins insoupçonnés. On peut bien prendre ces hommes pour des imbéciles, on peut bien les ignorer, ils s'en moquent, même s'ils en sont conscients, car ils contemplent avec ironie le spectacle et la marche du monde : les seins cachés de leur épouse les paient de tout. Pour eux, l'art et le romanesque de la vie se trouvent entiers dans cette dilatation secrète que cache leur femme et qu'ils ne peuvent confier, même à l'ami le plus intime.

LA MÈRE PAUVRE

Le lait des pauvresses réduites à la mendicité est comme de l'eau ; il gonfle d'eau leurs enfants mais ne les nourrit pas. C'est là ce qu'il peut y avoir de plus cynique ; c'est à l'évidence la plus grande injustice qui se puisse concevoir. La vie, plus forte que la faim, remplit les seins de la mendiante, mais de quoi, puisqu'il lui arrive de ne pas manger ? La vie les remplit et donne envie d'y goûter ; mais elle garde tout pour son enfant.

Dans les seins de la mendiante, il y a un miraculeux ressort. On est tout surpris de la voir les sortir tout noirs du corsage, brûlés, terreux, couleur d'épluchure de pomme de terre, pour les mettre à la bouche de ses enfants.

Les rois manipulent en secret des seins admirables auxquels ils impriment le sceau de leur bague qui y reste gravé, car ils l'appliquent lorsque les seins sont incandescents, lorsqu'ils s'amollissent comme la cire à l'heure ardente de l'orgueil.

Les rois sont affligés de devoir déflorer en secret et dans l'ombre ces seins qui ne s'épanouissent que devant les rois, comme des fleurs de la passion, montrant leurs attributs intimes, ces attributs, petites choses et filigranes qu'ils garderont sous leur enveloppe pour nous, qui ne sommes pas des rois.

Au creux des ombres des palais que les rois possèdent hors les murs de la ville, où réside la cour et où ils amènent leurs conquêtes, les seins de ces dernières se sentent transis sous le regard rancunier et menaçant de toutes les reines des panthéons royaux, et ils se contractent sous un froid létal. Dans les chambres nuptiales de ces palais, les seins des favorites se couvrent d'une pâleur livide, une pâleur de mortes qui les rend des plus intéressants ; ils en restent saisis, plus surpris et plus ingénus que jamais, mis en valeur dans cette atmosphère d'obscurité et de mort qu'on ne trouve plus que dans ces palais, comme peints sur un fond que l'on ne trouve plus que dans les alcôves de ces demeures royales. Couleur et formes que les rois galants seront seuls à voir !

Les sultans possèdent plus clairement, plus ouvertement, plus concrètement, une grande collection de seins. Dans la lumière concentrée de leurs demeures, ils regardent à l'intérieur ; dans la lumière qui blanchit les patios des harems, les seins dont jouissent les sultans sont pleins d'une suprême certitude, cette certitude que prennent les choses sous le clair soleil de midi, en été. Les seins que possèdent les sultans semblent des seins de friandise au coco et au sucre ; des seins juteux ; seins dont la blancheur éblouit les yeux bruns et en amande ; des seins qui pendent comme des figues fraîches du frais figuier sous le soleil qui dessèche, des seins pleins d'un orgeat frais, très blanc et doux ; des seins encensoirs qui se balancent comme des encensoirs ; des guirlandes de seins, car ils obéissent avec une rare unanimité au même maître et ne craignent pas Dieu, s'offrant au contraire comme par ordre de leur Dieu ; des seins comme de grandes boules de fleur d'oranger ; des seins que l'on regarde avec des yeux de biche, nostalgiques ; des seins pleins de paresse, sans nerfs et alanguis ; des seins un peu triangulaires, comme s'ils avaient ainsi une forme plus liturgique ; des seins qu'éclaire de loin, comme la lune, un soleil lumineux ; des seins extatiques, comme les objets durant la sieste ; des seins qui méditent dans la splendeur de la réalité du jour et dont la méditation est le levain ; des seins mis en jarre par la lune.

Ces seins poussés dans les sérails croissent, croissent, croissent, jusqu'à choir à terre et lorsque, jouissant de cet avantage, ces femmes ne se lèvent plus, paisibles et résignées, toujours accroupies, leurs seins reposent aussi sur les coussins jetés à même le sol.

Lorsque les femmes des sérails commettent quelque infidélité, le sultan, courroucé, ne leur coupe pas la tête mais tranche leurs seins d'un coup que facilite la forme courbe de leur dague. Tout le sérail s'emplit d'un côté de cadavres et, de l'autre, de seins, et les âmes volent des uns aux autres car lorsqu'on arrache sans précaution leurs seins aux femmes, leurs âmes s'enfuient, telles des colombes, par les trous ouverts dans leur poitrine.

Les seins des femmes du sérail croissent et acquièrent de plus grands charmes et de plus belles teintes de nacre, parce qu'il n'y a personne comme les sultans pour leur dire toutes les flatteries imaginables, les compliments qui les soignent et les embellissent mieux qu'aucune eau de rose. C'est pourquoi ils sentent combien leur appartiennent les seins de ces femmes, car ils savent ce qu'ils leur ont dit dans une inspiration où ils ont mis tout leur cœur et tous les rayons de soleil et de lune qu'ils possèdent.

Les seins des favorites luttent les uns contre les autres comme font les béliers front à front, et il arrive qu'enflammées par l'assaut, elles se jettent les seins à la tête et se fendent parfois le crâne.

LES SEINS D'ÈVE

Dans cette réflexion sur tous les seins, nous avons pensé à ceux d'Eve, abondants, forts, à la peau dure,

rugueuse et rougeâtre : seins de nourrice montagnarde, au lait pur, salutaire et prodigieux, le lait
des origines, la source qui ne s'est plus tarie
depuis. Adam n'en eut pas pleine conscience, trop
préoccupé qu'il était par bien d'autres sujets
d'étonnement. Ils furent les seuls seins à former un
parfait angle droit par rapport au plan de la poitrine, un angle qui, depuis, ne cesse de perdre des
degrés et de s'amenuiser. Les seins d'Eve furent
les seuls à conserver la forme que leur imprima le
moule de métal, le moule à flan que le Créateur
utilisa pour les fabriquer et qu'il accrocha ensuite
dans sa cuisine.

LE SEIN MARTYR

Cette femme longue, maigre, au teint d'ivoire, se
mourait. Sa beauté ne disparaissait pourtant pas
dans ce lent dépérissement. Les prétendants ne lui
manquaient pas, mais elle s'obstinait à refuser les
fiancés. Durant de longues heures, elle jouait senti-
mentalement du piano sans se rendre compte que
caresser le clavier, c'est caresser un homme. De sorte
que tout ce qui, en elle, était refus inflexible des
hommes, devenait pour son piano sincérité, abandon et impudeur.

Ses amoureux, silencieux, déçus, profitaient des
instants où elle jouait du piano pour contempler sa
féminité. Elle avait beau être maigre, on voyait,
cependant, se détacher ses seins, les seins que nul

168

ne sonderait, fruits du fond de l'abîme, abandonnés à la seule consommation du temps.

De quel mal se mourait-elle ? Elle semblait souffrir du cœur ; de temps en temps, elle portait la main à sa poitrine comme si elle disait à tout le monde : "C'est là que j'ai mal." Elle n'avait jamais consulté le médecin ; sa pudeur n'avait pas permis à ses parents de l'y conduire. Jusqu'au jour où elle s'évanouit et, en dégrafant son corsage, on découvrit que l'un de ses seins, le gauche, était complètement pourri. Hélas, pour ne point montrer ses seins, elle n'avait rien dit, et la tumeur l'avait tellement dévorée, tellement creusée que, par le trou, on voyait battre son cœur de la même façon que l'on voit bouger le volant à travers les vitres d'une Roskoff !

LES SEINS DE CASTILLE

Dans le paysage aride et sec de la Castille, les seins sont une miraculeuse surprise, deux petites tasses d'eau.

En général, les femmes de Castille ont les seins fermes, des seins de pierre scellés à la poitrine, saisis par l'aridité du sol ; des seins terreux mais à la façon de la glaise que le sculpteur mouille tous les jours. Le froid dur et la dure chaleur semblent les avoir desséchés, surtout les grandes gelées qui s'abattent sur la Castille.

Les seins de Castille sont des seins d'épouses fidèles de laboureurs, et il y a en eux une sorte de poignée de grains de blé, bien qu'ils possèdent aussi une grande variété de semences de fleurs qui ne poussent pas dans cette terre. Mais soudain, au sein de cette communauté de seins austères, surgit, comme un mirage, la vision de seins différents, généreux et pleins.

Celle qui les arbore marche avec une cruauté particulière, un air de reine de Castille. Elle tire avantage de toute la sécheresse environnante et de la façon dont, sur cette terre sans seins, cette terre plate, se détachent ses seins, qui se découpent sur le ciel.

Ah ! mais quand la Castille est prise de folie, quand ses villages s'exaltent jusqu'au paroxysme, avec des ardeurs d'une indicible volupté, c'est là que se manifestent des seins follement pécheurs !

CELUI QUI LES MANGEA

Il y a eu, paraît-il, un homme aux instincts téméraires, qui a mangé des seins de femme comme on mange des oranges, sans les peler ni les séparer en quartiers, en les mordant et les suçant.

Des seins mangés avec le bel appétit que suppose un tel acte ont peut-être un goût de cuisses de grenouilles ou autre mets semblable. Et le mamelon ? Le mamelon doit avoir la saveur du bout doré de ces pains qui se terminent en pointe, en une exquise pointe.

Certains seins doivent aussi avoir un goût de goyave.

Ce qui nous a fait grincer le plus les dents, c'est l'image de la femme à laquelle on coupe un sein – une "mamelle" devrait-on dire pour exorciser un peu ce qu'il y a de terrible et d'éprouvant à dire un "sein".

Cette femme à un seul sein en devient plus impressionnante et semble mieux pourvue que si elle en avait deux car on cherchera toujours chez elle, en plus de celui qu'elle possède et de celui identique, qu'elle devrait avoir, un autre sein plus jeune, celui de jadis, qui a gardé sa base et le rappelle un peu comme le nœud de l'arbre sur la branche amputée.

Qu'il est cruel le nu de la femme avec un sein en moins ! L'homme qui la contemple doit en ressentir toute sa vie comme un atroce acharnement, une folie de tendresse. Obsédé, égaré, il doit chercher éperdument le sein escamoté. Quelle réalité et quelle situation est plus dramatique et poignante que celle de la femme au sein manquant !

Tous les jours, dans les hôpitaux et les cliniques, on coupe des seins de femmes, des seins pourris, des seins pleins d'une trichine qui jouit d'eux et que l'on ne peut évacuer précisément pour cela, parce qu'elle y trouve la douceur dont elle se nourrit.

Celles qui vont être opérées se couchent pour qu'on leur coupe le sein, sachant bien ce qui les attend, prêtes à sacrifier une partie superflue pour sauver leur vie. Les maris et les amants ont caressé le sein une dernière fois, en un geste d'adieu, et les femmes le regardent aussi pour la dernière fois. Peut-être pleurent-elles sur lui, mais elles se disent : "Après tout, la mort, est-ce autre chose que l'ablation des deux seins, l'amputation de la tête et de tout le reste ? Si l'on ne devait pas mourir, il y aurait de quoi être désespérée à jamais, mais puisque l'amputation de la mort est fatale, un seul sein coupé est un moindre mal."

Ce qui se passe dans les hôpitaux revient à jeter du panier le fruit pourri. Cela se fait de façon aussi anodine que sur les marchés.

Au cours des guerres – et même lors de la dernière – il y a pourtant plus atroce. C'est lorsque la soldatesque, surexcitée par le défi inattendu que représentent les seins, les tranche à vif, bien qu'ils ne soient pas malades, offrant le plus grand des plaisirs aux infâmes épées qui jouissent comme jamais en débitant les seins en rondelles, les plus voluptueuses rondelles qu'on puisse découper. Même si l'on réussissait à supprimer des guerres les violences et les viols, on ne supprimerait pas ce massacre des seins ; et, dans cette tragédie, il y a pire encore que de les couper à ras, c'est de les laisser ouverts et pendants comme si on laissait pendre le couvercle de l'encrier du sang.

LES SERPENTS ET LES SEINS

C'est un beau tableau de sagacité et de gloutonnerie, et qui exalte les seins, que celui des serpents qui viennent braconner le lait des jeunes mères. On imagine les serpents s'insinuant jusqu'aux seins avec un ravissement qui les met en érection de la tête à la queue et chercher avec prudence, comme la main du voleur qui va dérober le trésor caché dans la poche, le mamelon pour le sucer.

Une fois qu'il y a pris goût, tout leur corps doit se sentir parcouru par un filet de lait au goût sans pareil, et leurs petits yeux doivent contempler cette pire merveille tandis que leur queue frétille joyeusement, comme la baguette de chef d'orchestre qui dirige une musique lente et suave.

LES SEINS DES POUPÉES DE CIRE

Les seins des mannequins de cire sont-ils, par hasard, plus admirables que ceux des femmes de chair ? Peut-être.

Dans les cireuses douceurs des visages des mannequins de cire entrent pour beaucoup, entrent surtout, les délices de leurs seins. Les seins leur donnent une réalité que ne leur donne pas leur visage. Leurs seins ont l'aspect, la plasticité et l'éclat de la morbidesse, et plus encore que s'ils étaient mous, sans compter une certaine immortalité qui augmente leur charme.

Il faut voir comme les hommes affrontent les seins de ces mannequins de cire ! Moi, dans l'intimité de l'une de ces poupées aux seins nus, je les ai vus me faire front dans une attitude de défi bien plus difficile à relever que celui d'une vraie femme qui se déshabille devant nous, un défi insurmontable parce que, incapables de nous avancer vers eux, nous ne pouvons que les contempler, les contempler seulement, les contempler uniquement. (Ceux des statues produisent une sensation contraire car ils sont durs et faux, ce que ne sont pas ceux des figures de cire.)

Comme les mains gardent la caresse de tels seins ! Et cela, sans altération ni détérioration aucune, comme cela arrive avec les seins de chair. La forme entière en demeure dans la main, malléable mais sans mollir comme le font les vrais.

Ineffables et pâles seins des femmes de cire ! Ils sont bien au-delà de la mort, de sorte que leurs vertus sont incorruptibles. Il n'y a pas de seins aussi admirables ni aussi globalement seins que ceux des poupées de cire, pas même les tendres seins de la déesse de la féminité, qui sont trop immortels, immortels à l'excès et, partant, froids et insensibles.

L'IDOLE AUX SEINS NOMBREUX

L'idole aux seins nombreux est au sommet de la hiérarchie des déesses noires. Les nègres se sont lassés de représenter des seins de toutes sortes, des grands, des longs et des haut perchés, des seins pelés, des galeux qui tombent plus bas que le nombril ; c'est pourquoi les seuls qui les puissent surprendre sont des seins surnaturels.

L'idole, la déesse aux seins nombreux, a le pouvoir d'aguicher les dieux, d'obtenir d'eux qu'ils la poursuivent et la désirent. Elle en fait ce qu'elle veut. Son pouvoir est le plus absolu dans le monde des dieux.

Elle donne le sein à tous les vents, de ses seins innombrables, et possède la force et la puissance d'une monumentale femelle. Les femmes la regardent avec admiration, enviant son inaccessible pouvoir, ses multiples seins, longs, vifs, roides, aux allures de bras autoritaires qui enlacent les dieux et les font ronronner de plaisir.

Face à la déesse aux seins nombreux, les mains des hommes ne savent à quel sein se vouer et rêvent de les embrasser tous d'un coup, au risque d'étouffer celui qui est pris au milieu, tel l'enfant que l'on bouscule dans les processions ou que l'on écrase à l'ouverture des théâtres.

La déesse aux seins nombreux est celle qui peut tout exaucer ; c'est pourquoi ses fidèles se prosternent à ses pieds : elle a un immense pouvoir grâce aux multiples trésors que recèlent ses seins.

LA HONTE

L'homme qui marche aux côtés de la femme qui a les plus gros seins, les seins les plus pendants et débordants, comprimés dans sa robe comme dans un casque, se sent accablé de honte. Les seins énormes de cette femme, qui n'a que cela, sont des seins qui vous remplissent de honte, mais qu'il ne faut pas cesser d'escorter, si on veut en profiter un jour. Il faut en passer par l'abstinence des longues fiançailles, avec ses seins d'un exhibitionnisme excessif et sans excuse, car rien en elle ne semble digne d'intérêt en dehors de ces seins compromettants.

Il est long le chemin, le calvaire suffocant qu'il faut entreprendre à son côté par les rues où tout regarde ses seins, les fenêtres, les balcons, les yeux immenses des vitrines et jusqu'aux hautes cheminées qui se penchent un peu vers la chaussée, pour mieux les voir. L'homme qui l'accompagne n'ose pas regarder les autres hommes, il est empli d'une honte qui l'exaspère, il trébuche, ses jambes flageolent, mais il lui faut avancer sous la lumière du jour avec cette honte écrasante, s'il veut jouir de ces seins la nuit, les posséder enfin un jour.

Supplice amer et lent ! Elle mériterait la mort si, après ce long exode, elle lui refusait ses seins !

Ils ne sont pas près de l'oublier, ces hommes honteux, la période martyrisante où ils passaient dans les rues, couverts des stigmates de la convoitise et du vice, rentrant les pieds, baissant la tête devant ces seins déshonorants, avec le sentiment que les passants les reconnaîtraient toujours et diraient, en les montrant du doigt : "C'est celui qui est passé aux côtés de ces seins serrés dans leur corsage et leur corset comme les cruches d'eau dans les sacs des ânesses."

Les seins que personne n'a vus ni ne verra sont livides et maudits. Lentement, ils s'emplissent de venin, d'un venin qui intoxique l'âme de la femme qui les porte, d'un venin qui la rendra méfiante, hargneuse, infâme.

La femme aux seins que n'a vus et ne verra jamais personne tourne le dos aux miroirs pour enlever sa chemise, comme si elle tournait le dos à ses seins, et bouche le trou de la serrure. Ses seins, qui lui furent donnés pour qu'elle eût la sensibilité, la commisération et la générosité qui font partie de la vie, l'ont remplie d'un égoïsme lourd, fermé, empaqueté, un égoïsme de boîte de conserve.

Il devrait y avoir des ouvre-boîtes pour les seins que défendent trop bien les cuirasses de ces femmes sournoises, pleines de rancune rentrée et d'un esprit de contradiction systématique.

Ces femmes, qui n'ont pas payé à la vie le tribut des seins, souffriront en enfer – bien différent de celui qu'elles imaginent – la pression de leurs seins, pour les désinfecter de leur pourriture pestilentielle ; avec leurs seins, en effet, elles ont commis un infanticide horrible et impardonnable, celui de l'enfant mort dont le cadavre corrompu est resté en elles toute leur vie. Elles subiront ce châtiment, car ces seins qu'elles reçurent en don seront indignés d'avoir perdu à jamais leur douceur première, de se sentir incapables de revenir à ce qui en faisait le prix, leur suavité, leur douceur, leur rondeur, et d'avoir été galbés pour rien.

Oh ! avoir tué en elles ce qui leur était supérieur, le fruit le moins vain, quoique vain, de leur âme vaine !

LES SEINS DES STATUES

Les seins des statues ne sont pas convaincants. C'est là leur échec le plus cuisant, même lorsque les marbres ont l'aspect – beauté et transparence – de la chair.

Non, vraiment, ces seins ne sont rien par eux-mêmes, car ils n'évoqueraient rien si les autres seins venaient à disparaître.

Les seins des statues de jardins se refroidissent, se gèlent. Ceux des statues des musées aussi car, comme il est interdit de toucher aux objets, personne ne les touche.

Quand on voit les nus du musée de Naples – où se trouvent les statues aux seins les plus lisses et purs, représentations les plus fidèles de la réalité –, quand on voit ceux des musées de Rome et de Londres (qui a acquis les plus beaux spécimens de seins dans des pays lointains), ils ont l'air tous semblables – des lieux communs sans intérêt – à tel point que l'on soupçonne ceux des cimetières d'être dotés de plus de vie.

Les seins des statues sont trop durs, ils ne ploient pas sur eux-mêmes, soutenus par la force de la matière impassible, ils ne se déforment pas ; ainsi, les seins de marbre se rapprochent de plus en plus de la pierre et ceux de pierre de plus en plus des fossiles.

Parmi ces seins de musée, il en est de très volumineux, à la circonférence parfaite, mais il ne s'agit là que de géométrie ou de trigonométrie des seins.

Ceux des statues de jardin sont déjà plus vrais car les femmes qui s'y promenaient avaient ce type de seins, ce qui ne s'est jamais produit dans les musées, qui ne sont même pas d'anciens sérails transformés en musée.

C'est une pitié que ceux des jardins publics par grand froid. Les jours d'hiver, ce n'est pas par pudeur, mais de froid, que les mains des statues cachent leur nudité. Le petit cul des statues, ces deux seins postérieurs, sont tout glacés, rétrécis et bleus de froid, mais par tous les saints, bien plus glacés encore sont leurs seins si délicats ! Ainsi, dans ces jardins, la femme idéale qui est en nous souffre de froid à voir ces statues froides qui en arrivent à moins se sentir, à ne plus se sentir du tout – elles qui ne sentent rien – tant elles sont engourdies, surtout lorsqu'il neige ; car elles finissent par se transformer en statues de neige.

Cependant, au printemps, les statues nues reviennent à elles. Elles sortent de cette terrible catalepsie où les plonge le froid et, par de belles matinées printanières, le jardinier qui arrose les plantes jouit en dirigeant vers les statues sans voiles le jet dru de son tuyau, les gratifiant d'une douche matinale qui les éveille et les rafraîchit pour toute la journée, offrant par là même à leurs seins la vigueur que recommande l'hygiène.

LES SEINS LES PLUS PARFAITS
QUI AIENT JAMAIS EXISTÉ

La femme aux seins les plus superbes était laide et repoussante de visage.

Les seins les plus admirables, on imagine qu'ils sont passés inaperçus, méconnus, couverts par des vêtements vulgaires, la bure ingrate de la laideur.

Cette femme, qui eut les seins les plus précieux de tous, ne fut courtisée par personne et eut la décence de ne faire appel à personne.

Elle avait le nez plat, ses yeux étaient petits et enfoncés sous des sourcils épais et broussailleux.

Ses seins réunissaient toute la beauté désirable, et étaient conçus selon les calculs les plus subtils de l'architecture, la composition et l'équilibre de seins de bon aloi. C'étaient des seins modèles, mais personne n'en eut vent, pas même elle, aveuglée par la laideur de son visage, et c'est ainsi que les seins les plus parfaits de la création ont disparu, stériles et méconnus.

CELLE DONT ON AVAIT VOLÉ LES SEINS

C'était une prostituée. Très lucide, elle vit qu'on lui avait volé ses seins, qu'on les lui avait tant pressés qu'il ne restait plus rien de leur substance, qu'on les lui avait dérobés de telle sorte qu'ils avaient perdu leur suc et leur sens. Elle les avait encore, mais ne les possédait plus. Les voleurs, les premiers voleurs venus les lui avaient volés, et la preuve, c'est qu'elle était maintenant incapable de donner à un homme, à celui qui l'arracherait au ruisseau, qu'elle aimerait pour de bon, les seuls seins intéressants, des seins entiers, les seins qu'il méritait.

C'est pourquoi elle souriait ironiquement lorsque les nouveaux venus, persuadés qu'elle avait toujours ses seins, se précipitaient pour en jouer.

"Vous êtes bien attrapés !" pensait-elle en les sentant jouer avec le vide, avec des seins absents, satisfaite de sa vengeance, satisfaite de voler ces nouveaux voleurs.

CELUI QUI TOUCHA LES SEINS DE LA REINE

La reine était dotée de seins magnifiques, plus précieux que les joyaux éblouissants de la couronne, que les deux couronnes qui valaient dix millions de grandes pièces d'or, deux seins dont la blancheur était rehaussée par l'hermine royale. Elle les montrait presque entièrement, royalement décolletée, parce qu'elle savait qu'ils bénéficiaient de la plus totale impunité.

Un jour, pourtant, un pauvre homme, un des palefreniers de son escorte qui se tenait debout sur le marchepied arrière du carrosse appartenant à la reine Frédérique, et qui avait vue plongeante sur l'encorbellement et l'écartement parfait des seins royaux, perdit la tête et enlaça la reine par-derrière, embrassant un instant avec frénésie le buste royal, rien qu'un bref moment car, aussitôt, il fut maîtrisé et ligoté.

Après un jugement sommaire, il fut condamné à la peine capitale et, comme on lui demandait, ainsi qu'à tous les condamnés, quelle était sa dernière volonté, il demanda à toucher les seins de la reine. Et c'est ainsi que mourut en relaps celui qui avait touché les seins intouchables de la reine.

ASSASSINÉE PAR LE SCULPTEUR

Fou à la vue de ces seins, le sculpteur comprit que, désormais, ses mains ne pourraient que travailler inutilement à traquer ce qui, en eux, était d'une évidence impossible à recréer. Il ne pourrait plus que trébucher sur des seins de bazar ou des seins stupides comme des ex-voto.

Alors, il se résolut à vider ces seins pour en faire des moules.

On allait célébrer le mystère de la reproduction, ce vol interdit par la nature et l'art. L'atelier était délabré, comme tous les ateliers de sculpteur bon marché ; il était attenant à des remises auxquelles il ressemblait, de ces remises dont les araignées se déplacent parfois, avec leur toile, jusque dans les ateliers d'artistes. Les meubles étaient couverts d'une poussière de plâtre blanc et, sur les murs, on voyait pendre des pièces de moulage à faire grincer les dents, car la nature n'a jamais rien fait de si livide, ni d'aussi louche.

On ne pouvait éprouver nulle part mieux qu'en ce vulgaire atelier de sculpteur, le sentiment de souffrance et de désespérance, avec ces recoins encombrés et surtout ce paravent derrière lequel, parmi des débris, se trouvait la chemise ensanglantée qu'il n'osait pas donner à la blanchisseuse, pièce à conviction et preuve d'un crime non perpétré.

Elle dénuda ses seins comme une malade qui va subir une opération, et le regarda en souriant comme quelqu'un qui s'apprête à être enterré vivant. Elle le regarda couvrir ses seins de la pâte humide, épaisse et froide, qu'il épaissit encore en y ajoutant une petite montagne blanche, inégale et grossière, ce qui les grossit de provocante façon.

Il attendit que l'enduit fût bien dur et, pendant ce temps, lui parla comme un médecin ment à un opéré :

"Cela te fait mal ?"

Elle répondit :

"Non, je les sens pressés, étouffés, mais c'est assez doux.

— Plus qu'un petit moment, et c'est fini", dit-il pour tromper son impatience.

Elle répondit, telle une martyre :

"Non, ça m'est égal… Je peux tenir tout le temps que tu voudras."

Quelques moments s'écoulèrent encore, puis le sculpteur commença à remuer le grand pansement de plâtre qui ressemblait à un appareil orthopédique ; enfin, il le lui enleva avec précaution, craignant de lui arracher les seins avec le plâtre, tout en lui demandant s'il lui faisait mal. Elle en fut soulagée comme si on lui avait enlevé une grosse croûte.

Le sculpteur baisa ses seins, les couvrit et la remercia en lui disant :

"Tu vas voir très vite tes deux petits, tes deux jumeaux."

Il la couvrit davantage, comme si elle sortait de convalescence et, lorsque le moule fut bien sec, il commença avec impatience ses manipulations. Pour tirer l'épreuve désirée, il emplit le moule de plâtre et attendit à nouveau qu'il fût sec. Durant cette longue attente, il la caressa avec gratitude comme si elle avait fait preuve d'une grande abnégation.

Ensuite, il commença le démoulage en frappant sur le plâtre et fut plusieurs fois au bord de l'attaque, croyant que le ciseau avait blessé le morceau de sein qui venait de fleurir.

Enfin, il les découvrit entièrement et resta émerveillé devant cette paire de seins pleins d'une vie dont étaient dépourvus ceux des musées.

Elle sourit en voyant son émotion, mais fut troublée de voir devant elle ces seins qui étaient les siens, cyniques, comme les seins de sa mort, des seins d'après l'embaumement.

Il jouait avec eux, avec une certaine sensualité. Elle lui dit :

"Je vais finir par en être jalouse… Je vais les briser."

Il l'en dissuada, se mit à tourner autour des quatre seins dont il était le maître, s'approchant tantôt des uns, tantôt des autres ; il joua avec elle et tous deux sourirent jusqu'à ce que, soudain, en se levant, elle se plaignît d'une violente douleur au côté.

Il eut peur, appela le médecin, la fit coucher en attendant et, après sa visite, il sut qu'elle avait une pneumonie.

Durant ces jours de danger et de panique permanente où la maladie suivait son cours, il cherchait parfois ses seins pour les consoler, mais il remarqua que, peu à peu, ils se fanaient, s'amollissaient, s'aplatissaient irrémédiablement. Il vit clairement la cause de tout cela : si la pneumonie était due à l'imprudent moulage, il avait aussi dérobé la perfection et la turgescence des seins naturels, la leur avait subtilisée.

Il tenta de la sauver par les moyens les plus désespérés, mais elle mourut et, depuis lors, les deux seins de plâtre resplendirent et se détachèrent, solitaires dans l'antipathique atelier, comme les seins du mausolée idéal d'une martyre.

LES SEINS SOUS LES HABITS DE VŒU*

Sous ces habits, les seins sont repentis, bien qu'ils conservent encore une chaleur amoureuse, car ils

---

* En Espagne, pour prier Dieu d'exaucer un vœu, il arrive encore que des femmes endossent, pour un temps déterminé, "un habit de vœu" – qui n'est pas un habit de religieuse, différent selon l'ordre religieux qui l'autorise. *(N.d.T.)*

n'ont pas voulu quitter le monde en entrant pour toujours au couvent, mais simplement endosser provisoirement l'habit religieux. Ils ont la qualité des seins des statues comme s'ils étaient sculptés dans un bois peint et verni qui donne de l'éclat à leur galbe.

Il y a des seins différents selon l'ordre religieux de l'habit de vœu que portent ces femmes. C'est donc l'occasion rêvée d'en former un groupe de diverses couleurs, une pittoresque procession de femmes. Grâce aux habits de vœu, il existe encore des costumes dignes d'inspirer une intéressante peinture murale à la Fra Angelico sans qu'il soit besoin de recourir à la rhétorique pour composer une litanie de couleurs : les habits de vœu l'offrent spontanément.

Les femmes consultent les prêtres sur le petit décolleté de leur habit ; tel curé l'autorise, tel autre le défend. Les chanteuses de café-concert ont une passion pour les habits de vœu car, voulant vivre passionnément, elles offrent aussitôt, en échange, de porter un habit de vœu pour sauver leur âme, réussissant de la sorte l'exploit de se montrer nues sur scène et d'enfermer ensuite leur corps sous l'habit, cet habit qui donne plus d'intensité à leurs yeux peints et à leurs seins pervers*.

De toute façon, l'habit ajoute une touche d'intimité aux seins candides, pourtant aussi crûment

* Allusion probable à la célèbre Chelito dont il est question p. 200-202, aussi pieuse dans sa vie privée que libre sur scène et qui portait un habit monacal chez elle. *(N.d.T.)*

visibles qu'ailleurs sous la bure opaque et rude des habits qui les blesse, les pique, les gratte.

Femmes sous l'habit de sainte Lucie, l'habit vert qui donne une grande intensité au rouge de leurs lèvres et transforme les boutons de leurs seins en véritables roses cachées sous la verdeur du massif. Femmes sous l'habit du Sacré-Cœur, rouge sang de taureau, un rouge opaque qui exalte davantage leur pâleur et les revêt de tout leur sang perdu, ce rouge sombre de leurs tragédies intimes. Femmes sous l'habit du Carmel, couleur café, une couleur qui les assombrit, les rend vulgaires, mais qui les serre d'une ceinture élastique qui souligne leur taille, qui fait de leur corps une chair pénitente et de leurs seins des seins perdus. Femmes sous l'habit du Perpétuel-Secours qui, par ce nom, semblent ne jamais devoir mourir, et dont les seins sont de ce fait immortels. Femmes sous l'habit de saint Joseph, aux cordons violets. Femmes sous l'habit de saint François, gris à cordons gris, vêtues comme de véritables femmes de la Thébaïde, et dont les seins semblent souffrir plus que tous les autres, tant ce vêtement est piquant comme de l'étamine. Femmes sous l'habit de Nazareth, de couleur pourpre, aux seins et à la nudité de femmes primitives, de ces femmes blanches, suaves et lumineuses de Nazareth, à la silhouette soulignée par des cordons jaune et violet. Femmes sous l'habit de la Très Sainte Vierge, habit au bleu céleste qui donne une grande jeunesse et une grande allégresse à leur chair, laissant transparaître les formes en affectant de les cacher sous l'azur du tissu. Femmes sous l'habit de Notre-Dame-de-la-Solitude, noir cercueil, aux noirs cordons, transformées en mortes par l'habit, expiant leur fol amour pour un homme trompeur, prêtes à cette solitude où mourra leur chair, comme perdue au fond d'un couvent, mais dont les seins, sous ce noir volontaire, forment le noyau blanc, resplendissant, comme les seins d'une morte intacte. Femmes sous l'habit de Notre-Dame-du-Pilier et de Notre-Dame-des-Grâces, tout aussi appétissantes sous leurs habits, ornés chacun de leur insigne particulier.

O chœur de femmes sous les habits de vœu, parées de seins différents selon l'habit ! Céleste chœur que j'ai voulu montrer au sein du défilé des autres femmes.

LES SEINS DES MASQUES

Dès qu'une femme se met un masque, ses seins deviennent plus gros et ressortent davantage. Quelle panique produisent les seins des masques !

Les femmes masquées n'ont plus de visage et restent gouvernées par leurs seins ; conduites par eux, elles sont intéressantes grâce à eux. Derrière leur masque, elles regardent et voient tout l'effet causé par leurs seins et leur corps. Elles ont couvert leur visage, mais ont déshabillé tout leur corps avec une grande effronterie.

Les seins des masques se laissent prendre comme se laissent prendre ceux des prostituées. Ils se laissent prendre, mais, en fait, on ne prend rien du tout si l'on ignore quel est le visage de la femme qui les cède. Il est indispensable de voir le visage de la femme pour que la réalité des seins devienne palpable, pour savoir que leur matérialité si évidente n'est pas un leurre désespérant.

"Mais, puisque je te laisse me prendre dans tes bras, pourquoi tiens-tu à voir mon visage ? disent-elles.

— C'est que, si je ne voyais pas ton visage, quoi que tu m'aies accordé, tu m'aurais trompé, tu m'aurais été infidèle, tu n'aurais pas été à moi, et, plus qu'à moi, c'est à ceux qui ont vu une fois ton visage que tu appartiendrais."

Les seins des masques prennent une telle importance qu'ils en deviennent comme leur tête. Rien n'en distrait la vue, et c'est à ses seins que l'on reconnaît la femme masquée. Les femmes masquées sont dépravées, car leurs seins sont libérés de la surveillance du visage, même lorsque les yeux des loups peuplent ces maisons de passe que sont toujours les bals masqués.

Chez la femme masquée, toujours maîtresse d'elle-même et toujours pure, ce sont les seins qui commandent et qui s'imposent. Comme dans ces statues dont les seins commencent sous le cou, les seins, chez elle, sont ce qu'il y a de plus saillant, de plus expressif et de plus haut. Comme pèche un masque ! Comme il pèche avec hypocrisie, effaçant peccamineusement l'idée même du péché !

Les seins des masques sont des seins qui supplantent même la femme, et l'on a peur de se retrouver seul en tête à tête avec eux, à éprouver entièrement leur présence charnelle et à sentir qu'ils sont faits pour s'offrir, comme un boucher livre le poids de viande qui lui a été commandé.

LES SEINS DES FILLES
DE CONCIERGES

Seins des filles de concierges ! Seins qui sont nés à l'ombre lugubre des porches comme des fleurs de bas étage – voire de cour intérieure – d'une pâleur qui fait pitié, déchirante aspiration au ciel et à la lumière du dehors… Il n'y a pas de seins plus gonflés de nostalgie que les seins des concierges, emprisonnés dans des blouses qu'elles confectionnent elles-mêmes… Ce sont des seins qu'on dirait faits avec le surplus, les chutes des seins des dames de tout le voisinage, de simples restes rebondis et attirants ; car ils sont très humains et pleins d'une coquetterie empruntée qu'elles affichent au seuil du porche contre lequel elles s'appuient durant les heures creuses, fixant dans la rue les passants qui tournent deux ou trois fois la tête, aguichés par ces fleurs d'un blanc sale, toutes fines et attendrissantes qu'elles soient ; telles sont les filles de concierges, avec leurs seins en boutons, bourgeons tombants qui n'écloront pas, qui meurent sans éclore, qui resteront boutons parce qu'ils n'ont pas la force d'aller plus loin, parce que leur langueur est atroce.

Seins des filles de concierges ! Seins qui nous font pousser une exclamation de surprise, parce qu'ils sont surprenants dans leur obstination à vouloir pousser, à être, à vaincre, à donner de l'inquiétude malgré leur naissance dans un pot de fleurs ébréché, toujours relégué à l'ombre. Ce sont des seins de qualité inférieure, mais ils s'attifent de telle sorte parfois, ils se proclament si haut, se distinguent tellement, qu'ils en arrivent à être attirants comme des seins faciles qui se refusent à être faciles et qui, soudain, sont plus difficiles que les autres.

Les seins des filles de concierges ont derrière eux des heures et des heures de confinement sous les blouses misérables du labeur, les blouses du matin, les blouses du négligé, les blouses d'un blanc ranci, d'un blanc sale, et c'est alors qu'ils se dessinent avec une plus grande misère, plus tombants, plus flasques, plus malheureux que jamais. Et cela fait ressortir le miraculeux joyau qu'ils représentent, au milieu de tout, sales et cachés, et de l'injustice de leur sort.

ADDITIF AUX SEINS DES NONNES

On dirait que les seins des nonnes sont tournés en dedans, qu'ils sont concaves.

Certaines leur ont mis des couronnes d'épines et les ont criblés de coups d'ongles. D'autres les portent comprimés, ligotés par de solides cordons.

Les nonnes éprouvent leurs seins comme une mise en accusation de leur féminité. C'est par leurs seins que les tente le diable, qui leur fait toucher du doigt, qu'elles le veuillent ou non, leur existence, au moment où elles se couchent sur leur grabat sans matelas.

Elles éteignent pour ne pas se voir, se déshabillent dans le noir, mais leurs seins brillent dans l'obscurité et éclairent leur cellule comme ces glaces qui continuent de refléter une lumière, dans les chambres où le jour ne pénètre par aucun interstice.

Ah ! si l'on faisait l'expérience, dans une chambre noire, de découvrir des plaques sensibles de photographie face à une femme nue, je suis sûr qu'on y verrait le halo de ses seins !

LES SEINS DES BOUTIQUIÈRES

Les boutiquières ont des seins, fils du lucre de leur commerce, nés dans l'ombre de l'arrière-boutique, nourris de la prospérité du négoce…

Les seins des jeunes épouses des commerçants, puis de leurs filles, sont fertilisés par l'engrais des discussions quotidiennes sur les affaires, des comptes journaliers et de l'encaissement de cet argent fécondant et solide qui entre dans les caisses du magasin.

Les seins des boutiquières sont de la même espèce que leur commerce, ont quelque chose à voir avec lui ; ils ont l'odeur de la marchandise vendue. Les seins des boutiquières sont des seins commerciaux qui ont poussé avec les bénéfices du commerce et ont un port d'une assurance que n'ont même pas ceux des héritières de la grande bourgeoisie, qui ignore "l'aubaine" d'une fortune en nature.

Les seins des boutiquières, même si leur commerce est salissant, sont blancs et propres comme les fleurs qui poussent grâce aux engrais chimiques ; c'est en ces seins-là que se transforment les durs souliers du cordonnier, toutes les boîtes de conserve, les fromages et les huiles de l'épicerie, les objets de la quincaillerie, compacts et comme impossibles à amollir, tout cela converti en seins blancs, farineux, grands tubercules, qui sont le sommet et la gloire de l'entreprise commerciale.

Les époux des opulentes filles des opulents boutiquiers commencent à avoir des intérêts au négoce de leur beau-père dès qu'ils entrent en possession des seins de leurs filles, ces seins qui sont leur première participation à l'affaire, les actions les plus prometteuses de leur futur héritage.

Les seins des boutiquières sont agréables à voir, mais on doit y renoncer, sous peine de leur trouver un arrière-goût de charbon, de clou de girofle ou de soulier, ce qui est atroce dans la promiscuité. Il est bon de saisir les choses qui n'ont qu'un charme passager, il faut en sourire et les admirer, les adorer ou les détester, mais elles ne méritent pas pour autant que nous les palpions et possédions. Ainsi, les seins des boutiquières sont matière à l'ironie du sort que nous devons subir, et en même temps objets des regards que nous devons aiguiser sur une tranche de vie douce et molle.

LES SEINS TATOUÉS

Pour rencontrer des seins tatoués, il faut vraiment vivre dangereusement ; il n'est pas de plus belle parure que celle-là, même les médaillons sertis de diamants. Les maisons aux persiennes mi-closes de Lisbonne en sont pleines !

La femme tatouée doit souffrir atrocement quand on lui fait le tatouage, mais il y a des hommes qui veulent tellement marquer leur possession qu'ils gravent sur les seins quelque chose comme un souvenir d'eux. Les marins gravent une ancre qui les ancre pour toujours dans le port où vit leur femme et, même loin en mer, ils se sentent en sécurité car l'ancre qu'ils ont jetée dans ces seins est salvatrice.

La pointe du poinçon doit être très fine car, autrement, elle risquerait de les perforer, et l'on verrait alors les graines dont ils sont pleins. On y grave aussi des initiales, de sorte que tout homme qui dénudera ces seins saura qu'ils eurent un maître qui fut leur maître absolu. Parfois, le tatoueur le fait pour cultiver un art, l'art du graveur sur bois ou sur ivoire, art suprême qui consiste à dessiner sur des seins des ornements qui embellissent si bien ce matériau vierge qui demandait un tel travail de stylisation.

Certaines dévotes fanatiques, du fond de leur péché, demandent à leur amant de leur imprimer un scapulaire indélébile, et l'amant, pour leur complaire, les blesse, leur incrustant le Couronnement de la Vierge ou toute autre scène religieuse qu'elles conserveront toute leur vie comme un exorcisme excessif car, se croyant protégées par ce tatouage, elles iront plus avant dans le crime et se sentiront tranquilles et sauvées grâce à lui.

Indubitablement, le tatouage des seins est un art qui les rehausse follement, les rend plus raffinés, résolus. Certes, chaque homme devrait graver sur les seins son nom et la date du jour où il y porta la main pour la honte éternelle des seins trop prodigues. Peut-être devrait-on écrire sur les seins une phrase ou un vers avec l'aigu poinçon, sorte d'ineffaçable souvenir.

Des fleurettes, des pierres précieuses, des rayures de couleurs, des signes cabalistiques, des lettres arabes ou japonaises, des malédictions, des dates, des hiéroglyphes peints, des cercles de couleurs vives comme ceux qui entourent le blanc des cibles du tir à l'arc, tout cela et beaucoup d'autres choses devraient égayer et décorer les seins dont la matière semble trop vierge d'ornements repoussés et ajourés alors qu'elle s'y prête merveilleusement.

LES SEINS STUPIDES

Il existe une catégorie abondante de seins toute de stupidités, des seins pleins de stupidités, qui puent la stupidité.

Nous serions capables d'arracher leurs seins stupides aux femmes stupides, de passer très longtemps à essayer de les convaincre, pour enfin parvenir à leur arracher leurs stupides seins, leur dire des choses terribles, et nous venger de leur stupidité.

Les seins stupides sont de plus, habituellement, très petits car, lorsque les gros seins sont stupides, leur volume rachète leur stupidité.

Ils sont petits et, pourtant, il faut voir cet air qu'ils prennent dans leurs promenades, comme s'ils étaient les premiers et les seuls au monde ! Oh ! il nous prend des envies de les faire éclater, clac, et de partir en courant !

Les maîtresses des seins stupides ne les ont pas remplis d'intérêt, ni d'un peu d'intelligence, même pas d'instincts. Elles ne les ont remplis que d'une chose insipide, basse, qui consiste en mille mesquineries.

Les hommes stupides courent, cependant, derrière les seins complètement stupides, excessivement stupides, tous les seins étant toujours stupides au fond, mais jamais aussi absolument stupides.

Ces seins stupides ne sont pas des seins d'idiote, qui, eux, ont un certain charme sauvage, un charme dans lequel vibre la nature comme dans les fruits des arbres qui n'ont nul besoin d'être intelligents pour donner de vrais et bons fruits, mais qui, cependant, se passent de la trichine de la stupidité.

Les seins stupides sont, du fait même de leur stupidité, inexistants ; ce sont d'authentiques ballots, d'insignifiantes breloques de femmes stupides.

L'ÎLE AUX SEINS

Sans doute aucun, il existe une île inconnue qui mériterait d'être appelée "l'île aux Seins", à cause des seins merveilleux qui la peuplent.

Sur toute l'île, sous les arbres, dans les bois, sur les lacs, il y a des femmes aux seins ravissants, des seins qui s'épanouissent dans la solitude.

Les seins de cette île sont comme de grandes perles d'un orient exquis, de grandes perles qui rendent plus belle la lumière, qui la rosissent et lui offrent un globe où se poser, un globe de perle où brille la lumière du jour qui maintient sa douceur jusqu'au cœur de la nuit.

Dans l'île aux Seins, les femmes, nues, font de joyeuses rondes, séduites elles-mêmes par le collier de perles que forme ainsi la corolle de leurs seins. Chacune se satisfait de la vue des seins des autres et toutes se passent des hommes, car ce qui les séduit, c'est de jouer avec leurs seins, telles des petites filles qui jouent avec des billes de verre.

Parfois, leurs seins s'entrechoquent et la douceur de ce contact les affole, une douceur qui les comble comme un idéal.

La nuit, de l'île aux Seins sourd cette lumière qui émane des jardins pleins de corolles blanches.

La lune, grande Sapho voluptueuse, surplombe l'île aux Seins avec une parfaite verticalité ; elle se penche pour voir ces femmes aux seins plus que parfaits, couchées sur le dos dans l'herbe de l'île, regards et seins fixés sur elle.

Avec quelle délicatesse la lune répand-elle sa lumière sur les prairies jonchées de seins tendus vers elle !

La merveilleuse île aux Seins vit d'une vie intense et solitaire, la vraie vie intérieure, la vie que doivent vivre quelque part les femmes consacrées à leur propre beauté, à leur propre nudité, à ces seins qui ne sont qu'à elles. Le concept universel et parfait des seins se trouve dans cette île, et c'est pourquoi l'espèce n'est pas en voie de disparition. C'est l'influence lointaine de cette île emplie de seins qui vivifie tous les autres. Sans cela, l'homme en serait venu à bout et les aurait exterminés. C'est là-bas qu'on fait des prières et des neuvaines interminables pour que tous les seins jouissent de la gloire qu'ils méritent.

SEINS DES MINIATURES

Dans son berceau d'ivoire, cette jeune fille avait l'air d'une peinture miniature prise dans l'ovale d'un médaillon.

C'était en quelque sorte la dernière descendante de ces miniatures qui montrent leurs seins allègres et éclatants comme des boules de billard.

Les collectionneurs de miniatures tournaient autour d'elle, admiratifs devant ses formes bien proportionnées, d'une délicate petitesse.

Elle portait toujours le décolleté arrondi des miniatures et, finalement, ce fut un classique diplomate, à la barbe séparée en deux et très soignée, qui emmena chez lui pour toujours la femme de la miniature, la femme qu'il assit dans un fauteuil bas, sous une lampe à l'abat-jour en dentelle.

LES SEINS QUI SE REGARDENT
DANS LE MIROIR

Les hypocrites miroirs des cabinets de toilette gardent jalousement les seins des femmes derrière leur premier tain d'hypocrisie.

Certaines femmes regardent leurs seins dans le miroir avec trop de fréquence et une insistante délectation ; leurs seins en gardent cette hauteur et cette perversité, cauteleuse, froide, acharnée, qui est le fruit de cette autocontemplation.

Après avoir été polis et vidés dans les eaux gelées des miroirs, ces seins sont affilés et aiguisés.

Celui qui affrontera leur structure froide et trop contemplée en éprouvera un choc violent. Quelle fermeté !

Elle a passé tant de temps à les regarder, comme si elle y plantait des banderilles, qu'elle en est saturée et sait qu'ils sont une inconnue désirable.

LE PARFUM DES SEINS

Ce shah de Perse fit l'expérience de leur parfum. Les shahs sont les grands découvreurs des plaisirs sensuels. Leurs laboratoires sont pleins de femmes sur lesquelles ils font toutes sortes d'expériences et d'observations.

Un soir où il tissait du regard les toiles d'araignée de l'ennui dans les angles du plafond de son salon, Mogol III eut l'idée de mettre le feu avec des allumettes aux mamelons des plus beaux seins.

Rêvant de nouveaux arômes dans ses brûle-parfums, le shah Mogol III prit pour cassolettes et pour blanches et ductiles pastilles du sérail la douceur des beaux seins.

Quel parfum exquis ! Tout le palais en fut embaumé, mais seuls les hommes doués d'imagination le sentirent ; les autres ne perçurent que l'odeur de roussi qui monte des abattoirs lorsqu'on tourne le porc sur la paille en feu et la braise vive.

LE SEIN DE LA CHELITO

Les seins de la Chelito* ont la brève beauté du sein madrilène et piquant, mais leur singularité est qu'ils sont à leur place et parfaitement centrés.

De temps en temps, la Chelito donne des photographies sur lesquelles, à travers la dentelle de la mantille, elle dévoile un sein, le meilleur des deux, le sein gauche.

* Célèbre danseuse et chanteuse de café-concert du début du siècle, aux rôles et chansons d'ingénue quelque peu perverse. Voir page 186. *(N.d.T.)*

Dans les rédactions des magazines où arrive cette photo, on discute pour savoir si l'on doit ou non la publier telle quelle, mais c'est le directeur qui impose son point de vue : on ne doit pas la publier, et c'est ainsi que l'on dissimule au public l'un des plus beaux portraits de cette époque où l'on voit une femme radieuse qui offre le sourire de son visage et celui de son sein, un sein qui se montre plus pudique qu'audacieux. Voilà les paradoxes de la vie !

Ce sein de la Chelito est comme son enfant gâté, comme la prunelle de son œil droit, et c'est celui qu'elle sort dans les grandes occasions solennelles, lorsque la foule hurle désespérément : "Montre-le ! Montre-le !…"

C'est la Chelito qui a inventé ce don supposé d'un sein offert aux spectateurs qui sont supposés, je suppose, l'emporter dans leur poche.

Dernièrement, en finissant sa rumba, une autre artiste a voulu faire la même expérience que la frissonnante et monacale danseuse, mais la Chelito, armée de la raison suprême que donne à l'inventeur la primeur de l'invention, a traîné devant les tribunaux la rivale qui a, elle aussi, osé sortir un sein comme si elle voulait allaiter le public, cet enfant enthousiaste et affamé qui réclame sans cesse la tétée.

L'artiste qui avait eu l'audace d'entrer en concurrence avec la Chelito n'a plus osé refaire ce geste que la Voie lactée de Rubens fait avec la même élégance que le Manneken-Pis.

La menace par Chelito de lui brûler le visage et l'intervention des juges dans cette affaire a fait que l'autre danseuse de rumba s'est abstenue de refaire le geste d'offrir aux quatre vents cette partie de sa fortune, geste qui imite sur scène celui des nourrices dans les jardins publics, faisant rougir les géraniums.

Les juges devront se pencher avec la plus grande sérénité sur ce cas, qui ne se présente jamais dans les tribunaux, et ils demanderont à tout le moins aux deux artistes la reconstitution du geste litigieux ; s'ils les trouvent aussi convaincantes l'une que l'autre, ils pourront conclure qu'il n'existe ni brevet ni marque déposée.

SEIN EMPIRE

Les seins Empire furent des seins de pure orfèvrerie. Quel dommage qu'ils aient tous disparu !

Les seins Empire restaient pris et soutenus par les robes-chemises de nuit de l'Empire, dont la taille haute et froncée ne les laissait pas tomber.

Ces pochettes bien remplies des longues robes Empire furent une exquise nourriture pour les yeux qui cherchaient, pour les palper, ces nids d'alouettes.

ELLE REVINT AVEC DES SEINS

Elle partit pour un long voyage pendant lequel je l'imaginais escalader et dévaler des montagnes comme si elle s'amusait sur les "montagnes russes" d'une fête foraine.

Elle mit trois ou quatre ans à revenir et, lorsque je la revis pour la première fois, je demeurai surpris ; elle avait des seins, des seins inquiétants qui, bien que de sa chair, semblaient étrangers à son corps.

"Eh bien ?... Tu me trouves très changée ?" me dit-elle en écartant les pans de son manteau de fourrure pour me faire voir ses seins, qui n'étaient, après tout, qu'un pincement de sa poitrine, sa poitrine de toujours, et qui, cependant, la pervertissaient comme un don du diable...

Elle avait de quoi offrir maintenant ce qu'elle n'avait jamais eu, raison pour laquelle j'affectais de ne jamais la remarquer. Mais il était trop tard, j'avais éliminé cette femme de ma vie, quel que fût le charme qui pût la racheter.

LE SUICIDÉ

Il avait laissé une lettre pour le juge et on le retrouva comme un étudiant endormi sur sa table de travail...

Le suicidé disait dans sa lettre : "Je me tue parce que je suis incapable de comprendre ses seins, parce que je n'en peux faire le tour, parce qu'ils m'ont causé un désespoir extrême. Je les touche tous les jours et, cependant, c'est comme si je ne les touchais pas. Mon plaisir demeure insatiable et elle en rit car elle voit affluer à ses seins trop de mains de pèlerins, semblables à ceux qui touchent les pieds de marbre de la statue de la Vierge miraculeuse et finissent par l'user."

SEINS A LA VÉNITIENNE

Les seins à la vénitienne sont des seins comme des éventails en plumes et c'est dans le fond des gondoles qu'ils nichent en abondance.

Sans parler, car la moindre parole corrompt les canaux et la prière, sous le cercueil qui transforme les gondoles en corbillards ; il n'est rien de tel que de trouver, chez les Vénitiennes, des seins à la vénitienne.

LES DEUX AMIES

L'une, un citron, laide et maigre ; l'autre, belle, blanche et avec des seins magnifiques qui poussaient la vie devant eux.

La laide était entreprenante et possédait de la fortune, la blanche n'avait que ses seins.

Elles se mirent ensemble, vivant dans des hôtels, dans des chambres séparées mais reliées par une de ces portes de communication dont on ne trouve jamais la clé et devant laquelle on place une armoire à glace qu'on déplace en cas de besoin.

Le secret de cette union, c'est que la jolie blanche avait en fait une poitrine de garçon et de faux seins.

Ah ! si vous aviez entendu ce "Ah ! maman !" qui jaillit de dessous leur porte dans la nuit silencieuse et qui parcourut tous les couloirs de l'hôtel, scandalisant tous les silences !

SEINS DE PETITE FRANÇAISE

Les seins de la Française sont comme la grappe de raisin dont on fait le champagne.

Il faut les traiter avec beaucoup d'égards, car ils sont aussi hautains que beaux. Leur douceur est indicible, c'est pourquoi ils méritent que nous les traitions avec une déférence de page.

Ceux de la Parisienne sont les plus beaux, la fine fleur des seins, une pépinière de reines.

"L'ancienneté et l'éclat de la capitale du monde et du roman, qui ont poli nos contours, ne méritent-ils pas que tu tombes en pâmoison ?" disent leurs seins que le polissoir du temps a lissés et lustrés.

Toute la ville majestueuse s'assemble, faisant un paravent autour de la Parisienne quand elle dévoile ses seins. Acte clandestin qui requiert une solennelle gravité, et qui vous transporte de plaisir.

"Ils sont vraiment parisiens ? Tu ne me trompes pas ?…"

Et toute la ville se fait maquerelle édentée, gardienne de la porte de la chambre de l'hôtel qui a toujours un air de palais de Versailles, pour misérable qu'il soit.

Il faut savoir frissonner devant la spécificité des seins parisiens. L'Académie, le vieux palais de l'Institut, le Louvre, la place de l'Odéon, tout s'agrège autour de la scène qu'offre la Parisienne inconnue, découvrant ses seins dans un coin de chambre d'hôtel aux recoins sombres pour les parapluies.

SEINS CONSACRÉS

Les hauts dignitaires de l'Eglise, les évêques, les nonces, ne manient que des seins bien choisis. L'élue, chaperonnée par sa mère et son père – car ces amours sont si convenables ! –, s'en vient habiter tout près du palais de l'Evêché, dans cette rue où personne ne passe les soirs d'hiver et que traverse parfois un passage secret.

Les hauts dignitaires élèvent les seins, leurs gestes envers eux ne sauraient être profanes. Ils les manipulent selon un rituel d'une galanterie suprême malgré leur répugnance.

Parfois, ils croient manipuler autre chose et s'offusquent de cette vue ; on dirait qu'ils vont tomber à genoux.

Dans leur extase, ils veulent les ouvrir comme des tabernacles pour y plonger les mains et en tirer peut-être le cœur, ou la coupe de l'ivresse.

Dans le délire de la jouissance, ils mêlent bénédictions, formules en latin et blasphèmes.

SEINS DE CHÂTELAINE

Les châtelaines ont des seins qui contrastent avec l'austérité de leur château.

"Je vivrai dans un château incommode – se dit l'homme qui épousa la châtelaine – mais je me rattraperai en découvrant ses seins dans la profonde nuit du château."

En effet, au-dessus de toute l'hypocrisie, celle de cette femme même, il y avait ces deux oignons de lis.

Un jour, il mourut et la veuve arbora des seins plus splendides que jamais car, cultivés amoureusement du vivant de son mari, ils étaient à présent hantés par la nostalgie aiguë du plaisir.

Alors, le fantôme du château, celui qui meuble toujours les châteaux, sans que la châtelaine manquât en rien à la chasteté du noir veuvage, venait caresser ses seins dans un délire épileptique de fantôme.

LES SEINS DE CELLES QUI
VONT CHERCHER LE PETIT DÉJEUNER

C'est d'accortes servantes ou des sœurs des filles de joie, qui ne peuvent pas encore les relayer, que je veux parler. Toutes les autres femmes du petit matin sont répugnantes – surtout les bigotes – comme des pots de chambre mal rincés.

Mais ces quelques belles femmes du petit matin, en particulier ces amantes qui désirent tellement se sacrifier pour leur amant et maître qu'elles n'hésitent pas à descendre en négligé leur chercher le petit déjeuner, sont des femmes à la fois excitantes et familières qui semblent entrer dans l'intimité de celui qui les regarde, décoiffées, dégrafées, leurs seins débordants du corsage, bien séparés, différents, écrasés, pareils aux oreillers du lit encore défait de la chambre encore close...

JE NE LES AI TOUCHÉS QUE DU BRAS

Je ne les ai touchés que du bras, discret, impénétrable, craintif et, depuis, je porte sur mon bras les marques de vaccin de leur souvenir.

DIALOGUES

"On dirait un enfant, quand tu joues avec eux...
— Mais je le suis... Je le serai toujours... Ce sont des hochets ou des poupées en caoutchouc que l'on donne à sucer aux bébés, mais pour les hommes... L'enfance n'en finit pas, elle continue..."

— On dirait que tu me touches l'âme...
— Oui, c'est ce que je veux, c'est ce que je ressens", répondit-il.

LES SEINS DE LA CUBAINE

Ce sont des fruits un peu mous et qui se gâtent vite, mais dans lesquels il n'y a ni noyau ni autre dureté.

Elles les offrent comme des fruits langoureux de leur corps. Les voilà qui tombent, qui pendent sous leurs regards, comme si leurs œillades étaient les pergolas de leurs seins.

"Tu seras diabétique à cause de mes seins", disent leurs regards avec assurance, et l'homme encourt ce diabète fatal.

Ils sont pleins de *guajiras** et, appuyés au piano, ils lui donnent une plus profonde douceur. Ils lui apportent un élément maternel et jouent suavement des touches du clavier, donnant une certaine volupté aux notes.

"Belle Cubaine – lui dirions-nous – mon goût n'est pas celui d'une bouche ordinaire, laisse-moi toucher tes seins…"

LE JÉRÉMIE DES SEINS

Il se prit à pleurer l'éloignement de la majorité des seins, leur impassibilité et leur impossibilité.

"O seins ingrats, qui consentez à choir comme des nards fermés plutôt que de permettre que l'on vous change l'eau, que l'on fertilise votre tige !"

"O seins !" et il pleurait, inconsolable.

* *Guajiras* : chansons cubaines typiques. *(N.d.T.)*

Parfois, le Jérémie des seins criait avec désespoir :

"Seins avares, seins maudits !"

Et il se remettait à pleurer, à pleurer, à longs san-
glots entrecoupés seulement de soupirs.

LES SEINS DE LA MAISON
DE CAMPAGNE

Dans la villa, dans la maison de campagne, les seins
sont pareils aux mouillettes de pain du petit déjeuner.

Ils redeviennent des seins dans l'alcôve de la
demeure, de grandes fleurs d'oranger odorantes.

Ils sont à la villa ce que les lapins blancs sont au
clapier.

Ils traînent parfois dans des lits éclatants de blancheur amidonnée, par de beaux matins clairs qui
viennent s'y étendre, des lits qui restent défaits
jusqu'au soir, profitant de la vie sans façon des vil-
las solitaires.

LES SEINS DE LA MIJAURÉE

Les seins de la mijaurée sont snobs, mais prennent
plus de relief dans son corsage que dans celui des
femmes élégantes. Tout le snobisme de la mijaurée
s'aiguise et pointe en avant ses seins qui flottent et
s'exhibent comme ceux des prostituées. Les seins
des mijaurées sont généralement petits, en forme

de cornes naissantes ; mais lorsqu'elles sont dotées de gros seins, leur snobisme en devient incendiaire, ahurissant et capable de conduire les hommes au mariage.

Les chemisiers des mijaurées sont pleins de chichis, de dentelles et de broderies qui parent leurs seins. Leurs chemisiers, trop larges et mal coupés, manquent de tenue et pendent sur leurs seins comme des housses trop grandes, des housses flasques à travers lesquelles se devine le mamelon. Qu'il est scandaleux de voir ce mamelon effronté chez ces mijaurées si convenables !

Parfois, au retour des promenades qu'elles ne manquent pas de faire le long des avenues élégantes, les mijaurées portent leurs seins comme des enfants lourds qui font un caprice pour que la "nounou" les prenne aux bras durant tout le chemin, malgré sa lassitude. Elles marchent, leurs seins serrés contre elles, pressés contre leur poitrine, impatientes d'arriver à la maison pour se reposer.

Les seins des mijaurées ont parfois la danse de Saint-Guy, sans qu'elles puissent les en empêcher, et sans que leur mère parvienne à le cacher. Cette danse involontaire qui les possède donne entièrement vie, dans ce mouvement incessant, à leurs étoffes légères et fines, leurs étoffes de papier de soie aussi légères que du talc, leurs taffetas impalpables, et corrige leur snobisme et leur goût du factice par la vie qu'elle imprime à leurs vêtements, la vie frémissante et frissonnante de leurs seins, qui s'agitent comme des petites balles.

Sous les costumes blancs, ces costumes pareils aux dessus-de-lit au "crochet" qu'adorent revêtir les mijaurées, leurs seins semblent avoir été tricotés par elles, seins au crochet, seins ingénieux ou ornés de plumes de marabout. Sous ces robes blanches, faites de fils épais, on ne voit plus leurs seins et leur snobisme n'en est que plus stérile et triste.

Les seins des mijaurées sont éthérés ou terribles, bovins, des seins de faubourgs, les seins de ces figures baroques et maladroites que tracent ceux qui font, sans le savoir, des dessins pornographiques, ou ces sculpteurs qui burinent des silhouettes provocantes aux seins en l'air, des seins désespérés à l'absurde envol.

Les seins des mijaurées révèlent ce qu'ils ne devraient pas, à savoir que toutes les femmes sont habitées par un désir de prostitution voulue par Dieu, une prostitution contre laquelle elles essaieront inutilement de lutter, mais qui se trouve être finalement ce qui leur évite de mourir écrasées sous le poids du snobisme, enterrées, enfouies dans leur snobisme. C'est aussi pour cela, qui se trouve dans leurs seins, qu'elles se marient, en dépit du romantisme de toutes leurs histoires d'amour.

Les chaînes et les colliers qu'elles portent et qui ornent leurs seins apparentent ceux-ci aux seins des femmes orientales qui sont tout aussi sapées qu'elles et tout aussi kitsch. La chaîne avec ses médailles les sanctifie, les rend honnêtes, même si les prostituées et les danseuses se promènent également couvertes de chaînettes et de petites médailles ; mais l'on remarque surtout la chaîne de la montre qu'elles cachent en leur sein et dont elles semblent attacher leurs seins comme des animaux domestiques mais qui, souvent, ont des velléités d'évasion.

Les papillons recherchent les seins des mijaurées et s'y posent, parce qu'ils croient que les fleurs brodées de leurs chemisiers sont naturelles, puisque leurs boutons sont ceux des seins véritables.

Mais les seins des mijaurées languissent très vite et se ratatinent, devenant ronds et simples comme ces billes de verre qui font la joie des fillettes. Parfois, les gros seins, désespérés d'un mariage qu'ils ne voient point venir, s'adonnent à la prostitution et, alors, cela donne des prostituées auxquelles même les plus aguerries des prostituées ne peuvent faire concurrence. Parfois, ils causent aussi d'étranges surprises, se développant extraordinairement, car leur snobisme s'est soudainement monté du col, a grandi avec cette arrogance des roses trémières, et les seins ont suivi ce suprême allongement du snobisme fécond et luxueux, capable de ces miracles si l'on parvient à le pousser à l'extrême.

Les châles, les boas de plume et les pelisses d'agneau pascal caressent les seins des mijaurées, les chouchoutent, les emmitouflent de tendresse, les enveloppent et les protègent, se consacrant entièrement à elles comme à des enfants gâtés.

Les petites fleurs des chemisiers de nos mijaurées sont complètement invraisemblables, des petites fleurs des champs que les élégantes, quant à elles, dédaignent dans le choix de leurs tissus fleuris.

Pauvres petites fleurs ! Que deviendraient-elles si les mijaurées cessaient de les choisir pour les cultiver dans les pots de fleurs fertiles de leurs seins ?

Parfois, les seins de ces mijaurées ont l'allure de seins en peignoir, seins en peignoir qui ont l'air en peignoir, même sous le chapeau, quand on sort dans la rue.

Il y a aussi des mijaurées qui promènent leurs seins comme en vitrine, et cette vitrine ambulante en devient la vitrine de l'appartement kitsch où l'on entasse des bibelots à deux sous de fête foraine que la vitrine, cependant, transforme en objets d'inestimable prix.

Oh ! les seins illuminés des mijaurées, seins qui exaltent les seins mieux que tous autres, seins qui volettent à travers la ville et la réjouissent mieux que quiconque ! Seins prétentieux, petits ballons des promenades, petits ballons légers et espiègles.

LES SEINS DANS LA VALSE

C'est dans les danses enlacées que les seins s'animent, qu'ils retrouvent leur chaleur première, qu'ils s'échauffent d'eux-mêmes, que tous les frôlements recommencent à avoir pour eux toute l'innocence et la courtoisie que certains ont, hélas ! perdues dans des rapports plus intimes.

Ce sont les seins qui signalent la direction des bals publics, même si ce sont les jambes qui les y conduisent et les y précipitent. Comme une boussole, ils indiquent le bon chemin, pleins d'impatience, du désir de sortir, de celui d'arriver au bal, tels des enfants qui vont voir les marionnettes et qui, marchant plus vite que leurs parents, les devancent de beaucoup.

Les seins qui vont valser ou danser la polka entendent la musique bien avant les oreilles, et se bercent en cadence dans le doux balancement des robes des amoureuses de la valse.

C'est au bal que les seins éprouvent leur plus douce émotion ; c'est au cours de la danse qu'ils sentent leur désir et le désir des autres. C'est alors qu'ils se gonflent et s'emplissent de légers chatouillis.

Les seins, au cours de la valse, reposent sur les bras du cavalier comme des cols de cygnes.

Les hommes, enlacés aux femmes dans la valse, pensent, bien plus que tout ce qu'ils feignent de penser : "Ses seins sont près de moi… ils me frôlent… me frôlent… ils sont sur moi. Ils cèdent maintenant, ils s'écrasent maintenant, maintenant ils souffrent trop, maintenant ils risquent d'éclater…"

Les seins, au cours de la valse, défient l'homme de près, avec une vaillance aveugle, dans un corps à corps que leur faiblesse affronte héroïquement.

Dans la valse élégante, aux femmes décolletées, le frôlement des seins sur le plastron des fracs est un chatouillis qui blesse les poitrines viriles comme la lame fine et aiguë d'un stylet. A voir cette proximité de la gorge des femmes décolletées et de celle des hommes, on croirait que ces derniers voient clairement les seins qu'ils ont sous le nez ; mais, en réalité, cette vue les aveugle tellement qu'ils les voient moins que jamais ; l'intervalle ombreux, l'ombre de leur naissance, les fait au contraire loucher pitoyablement.

Les hommes qui valsent semblent toujours à l'écoute des seins. On dirait qu'ils ne veulent perdre aucune des subtilités de leur contact et, même s'ils rejettent la tête en arrière et affectent d'écouter une voix lointaine, ils n'en perdent pas pour autant les seins de vue ; de sorte qu'ils entendent par la poitrine comme d'autres entendent par le front ou par les yeux.

Mais parmi tous les seins qui s'abandonnent à la valse, il n'en est aucun qui se puisse comparer à ceux de la meilleure des valseuses.

C'était une valseuse impénitente. Le roi avait dansé avec elle sur le parquet le mieux ciré et le plus brillant du monde, si bien qu'on eût dit une valse de patineurs sur glace.

Celui qui dansait avec cette valseuse idéale s'appliquait à la danse avec la plus grande tendresse, car la danseuse semblait accordée comme la meilleure guitare et, en la prenant comme une guitare pour danser, on saisissait toute la subtile préparation de tous ceux qui avaient dansé avec elle et l'on sentait à quel point elle était docile à explorer les méandres de la danse.

Les seins de la danseuse prodiguaient une sensibilité enchanteresse bien sensible à celui qui la recueillait, tout étourdie et épuisée mais toujours savante dans l'art de suivre ce suave itinéraire, mille fois parcouru et chaque fois plus harmonieusement trouvé, celui du rythme de la danse.

LES SEINS
DE MADAME SAINT-AMARANTHE

Il n'y a pas de seins plus intéressants que ceux de ce mannequin du musée de Mme Tussaud. Nous étions tranquilles parmi tous les seins de cire de ce musée, sans nous poser de questions sur les seins dans cet ensemble de seins de mortes, ni hostiles ni trompeurs, lorsque, soudain, nous vîmes que l'une de ces paires de seins, ceux d'une femme endormie au fond d'une vitrine, se soulevaient avec le rythme paisible des seins qui dorment, des seins aux paupières closes.

Le catalogue indiquait : "Mme Saint-Amaranthe, veuve du lieutenant Colón des gardes du corps de Louis XVI, mort lors de l'attaque des Tuileries, fut guillotinée à vingt-deux ans."

Nous regardâmes alors ces seins avec plus d'attention, puisqu'ils continuaient à palpiter malgré la guillotine, et c'était là un admirable exemple de survie d'une morte en pleine santé, exubérante, dont le sang circulait encore parfaitement.

Du fond du musée, une machine faisait bouger les seins de la belle endormie dans sa vitrine, couchée sur un lit de dentelles, les seins presque à nu, la chair un peu jaunie mais plus charnelle ainsi, dans une résurrection venue d'outre-tombe.

Pour voir ces seins, pour les revoir, je suis retourné à Londres et y retournerai encore. Ces seins-là sont un symbole, les seins les plus vivants de tous, une surprise que les seins nous font de l'au-delà, la rencontre, en quelque sorte, dans la solitude du palais de la Belle au Bois dormant, des seins de la princesse endormie pour toujours et qu'aucun baiser ne viendra réveiller. Les seins et les dentelles de la chemise se mouvaient dans une vie plus pure. Les seins du silence et de la solitude, un pur concept, voilà ce qu'étaient ces seins.

VARIÉTÉS ET OBSERVATIONS

Il y a des seins ailés qui volent telles des colombes prises par les pattes.

*

Les seins à naître seront pareils aux seins déjà nés, de même que les oranges futures seront pareilles aux oranges d'à présent… Sauf qu'ils apaiseront d'autres soifs.

*

Seins des repasseuses, pleins de blanc amidon, brillants du coup de fer, gros de blancheur, agiles, pendouillants, si remués durant le labeur qu'on imagine que, le travail terminé, ils en conserveront un mouvement propre et désinvolte sous les blouses claires, sous les peignoirs blancs et entrouverts qui sont l'uniforme des repasseuses… Seins actifs, seins où est très fort serrée l'économie du plaisir, seins qu'elles écrasent contre la planche à repasser, seins qui rendent plus nets et plus brillants les plastrons qu'elles lissent, les arrosant comme il faut d'une giclée d'amidon et de parfum, nourrissant ainsi leur travail de blancheur et d'allégresse ; seins qui titillent et chatouillent les poitrines masculines des plastrons, seins vifs et enchanteurs.

Les seins sont différents dans chaque nation, chaque partie du monde. Il faudrait un studieux et voyageur Humboldt pour s'épuiser dans cette difficile étude comparative. Mais on peut parler rapidement de certains seins : les français, pareils à des écureuils, plus tendres que tous, qui laissent les mains, même vides, imprégnées de parfum, doux comme une houpette, qui glissent comme l'eau entre les doigts de la main et qui, pourtant, sont d'une constante séduction ; les anglais, ratés, un peu rances, généralement semblables à des sacs à ouvrage ou à des housses de Bible avec, parfois, des exceptions : ainsi les volumineux s'avèrent des seins magnifiques, car ils bénéficient du manque de grâce des autres, et cette grâce, jointe à une grande chasteté, les rend pareils à des couples ; les italiens, comme perfectionnés et polis par l'art, très consacrés et très ronds ; les suisses, très mous, comme faits avec du lait condensé, rayonnants de santé, rejetons de femmes fortes et au fait de leurs droits, produit du bon climat et des bons pâturages ; les portugais, seins primitifs et intègres, seins de mères naturelles, seins auxquels se mêlent d'autres seins coloniaux, seins de négresses blanches, de métisses,

de Brésiliennes, grands seins qui pendent aux balustrades des balcons comme des matelas qu'on fait
aérer… etc., etc.

*

Il y a les seins qui sont des figues fraîches et ceux
qui sont des figues sèches, les seins qui sont la
grappe de raisins verts qui donne une indigestion,
ceux qui sont la grappe mûre et ceux qui sont la
grappe de raisins secs.

*

Parfois, nous découvrons que tels seins n'appartiennent pas à la tête de celle qui les arbore… La
confusion que causent toujours ces seins leur attache
à jamais l'homme qu'ils captivent.

*

Il devrait y avoir des femmes aux seins bleus, aux
seins roses et aux seins rouges.

*

Les seins d'une *Mater dolorosa* sont pleins de larmes,
et de leur mamelon, comme de certaines fontaines

mélancoliques, ne semble tomber qu'une goutte
d'eau – une larme – et de temps en temps seulement.

*

Il paraît qu'il y a une fille qui a volé les seins d'une
autre… La petite sœur, qui dormait dans la même
chambre que la grande, lui a dérobé ses seins… La
pensionnaire de la maison close qui, de manière rusée
et violente, a volé les seins de la plus innocente, qui
était la mieux dotée… La discrète et cauteleuse amie
de la jeune vierge bourgeoise et timorée qui, profitant
de ces amitiés qui naissent l'été ou dans les soirées
intimes d'hiver, lui vole ses seins, ces seins surprenants
qu'elle avait découverts en la voyant s'habiller avec
cette familiarité dont les femmes usent entre elles.

*

Ses seins devaient être vus en perspective pour
donner une impression de volume. Sinon, ils n'étaient
que deux tétines en relief sur la planche à pain de
sa poitrine.

*

Parfois, ils sont trop mous… On dirait que nous les
avons pris au dépourvu, que nous avons profité de

leur faiblesse… Nous jouons alors avec eux d'une manière différente, parce que nous aurons bien l'occasion d'être brutaux et vifs à libérer la rage secrète de l'amour… A ce moment-là, ils reposaient sur la poitrine, alanguis et sans arrière-pensée, comme après le repas. Ce n'était pas le moment opportun, mais notre main nous a échappé et ce n'est pas de trop que de s'assurer une fois de plus de leur existence car, malgré tout, nous les oublierons, nous les oublierons même malgré nous, nous les oublierons dès qu'ils seront loin de nos yeux, nous les oublierons dans un fatal trou de mémoire.

*

Les seins des statues des jardins ont allaité les petits Amours qui ont fugué avec les jolies promeneuses et qui en font de belles dans les fourrés.

*

Formidables poignées sans lesquelles le nu serait insaisissable. C'est par là que la femme est prise, c'est ce qui nous la livre, qui la rend si émouvante dans sa nudité, seins à l'air, car c'est par ses seins qu'on l'attrape, ce sont ses seins qui s'offrent à la prise, car ils sont fatalement faits pour cela. Il est triste de la voir subir la fatalité de ses seins et, malgré tout, on est tenté, joyeusement tenté. Le torse, qui pourrait s'évader, gagner son indépendance et sa liberté, le torse, derrière les seins, est réduit à l'esclavage, voué à l'homme et à la capture uniquement à cause des seins. Les seins la déséquilibrent et la rendent dépravée, luxurieuse à son corps défendant. Elle ne pourra qu'être sensuelle, inévitablement sensuelle, sensuelle jusqu'à la mort, sensuelle avec insistance à cause des seins qui sont la sensualité même. Les seins ne laissent aucun doute sur la finalité de la femme ; ils en sont le signe sans équivoque.

*

Il y a des seins moutonnants, retournés sur eux-mêmes comme les pétales des roses qui moutonnent en s'épanouissant.

*

Il semble que, par la couleur et la qualité, il y ait, dans l'infinie variété de mamelons existants, autant de différence qu'entre les pierres précieuses… Le mamelon améthyste, le mamelon chrysolithe, le mamelon émeraude, le mamelon cabochon, etc., etc.

*

Il y a des seins pleins de calme. Il y a des seins pleins de douleur. Il y a des seins pleins de passion. Il y a des seins pleins de divorce. Il y a des seins pleins de calamités. Il y a des seins pleins de poison. Il y a des seins pleins d'énervement. Il y a des seins pleins de larmes. Il y a des seins pleins de nuit. Il y a des seins pleins de surprises. Il y a des seins pleins de charité. Il y a des seins pleins d'adultère. Il y a des seins pleins d'or amassé. Il y a des seins pleins d'hypocrisie. Il y a des seins pleins de compote maison. Il y a des seins pleins de pédanterie. Il y a des seins pleins de plombs de chasse. Il y a des seins pleins de petites médailles de la Vierge. Il y a des seins pleins de menue monnaie. Il y a des seins pleins de noirceur sous leur surface blanche. Il y a des seins pleins d'air comme des ballons.

*

Lorsque les femmes vivaient nues en pleine nature, lorsqu'elles étaient seules et paisiblement étendues sous le soleil, il arrivait parfois que leurs seins sortent leurs petites cornes goulûment.

*

Les seins ont leurs jours de faiblesse durant lesquels ils semblent avoir fondu ou semblent devoir fondre définitivement.

*

Des seins nouveaux que l'on vient de chaparder possèdent, en ce doux instantané où on les touche, une inquiétante et suave qualité d'ivoire, un ivoire lisse et doux, mais avec la dureté glissante des boules d'ivoire.

*

Si les seins bêlaient, ils le feraient sur un ton profond et pénétrant. Mais peut-être ne sont-ils capables que de piailler ?

*

Il y a la marchande d'oranges des seins. Assise le soir sur les bancs publics, sans craindre la police, elle vend à la sauvette ses seins dans la corbeille d'oranges. Il faut peler ces seins avec un couteau pour pouvoir en éprouver les délices (attention à ne pas la blesser, veillez à ce que la pelure ne se casse pas, sa boucle entière ne doit tomber qu'à la fin).

*

Les seins, sont une sorte d'héroïsme chez la femme.

"Pour avoir ces seins – semble-t-elle proclamer –
je suis capable de résister aux coups de poignard et
aux autres dangers."

Elle est revêtue de ses seins comme d'une cuirasse, solide protection de son corps.

Ses seins sont les bastions – c'est le mot – avan-
cés de son corps.

C'est la raison pour laquelle cette femme sourit
derrière ses seins comme protégée par une forteresse
inexpugnable, comme si elle s'accoudait au sommet de l'une des tours ou bastions de la muraille.

*

Que dire du talent de Dieu quand il réussit à les
modeler ? Quelle grande malice de sculpteur ! Il
leur posa dessus les chiffons mouillés avec lesquels
on ramollit la sculpture, et les laissa jusqu'au tout
dernier moment, si bien que la glaise des seins en
devint la plus malléable du monde.

*

Il existe un charme supérieur à celui de découvrir
leurs inexplicables cartilages et c'est celui de mesurer
leur inaccessibilité… Il est délicieux de baiser le sol
au carrelage froid devant ces seins que l'on ne peut
baiser, que l'on ne pourra jamais toucher, qui sont
comme dans des vases de fleurs sur l'autel.

*

Qu'en eux réside toute la matière du monde sancti-
fiée, personne ne peut le contester.

Le monde est essentiellement matériel et ils sont
la catégorie la plus élevée de la matière qui, sans
s'échapper de nous comme le liquide et le gazeux,
est éthérée et solide à la fois.

C'est bien pour cela qu'ils méritent cette sincère
apologie bien que, se sachant au-dessus de tout, ils en
deviennent vains comme tout est vain, même Dieu.

Ils sont la matière épurée, les tulipes suprêmes,
le fleuron du réel. On peut le dire sans détour.

Pour cette raison, je sais que je n'ai pas composé
un livre exagéré sur un sujet quelconque, ni un livre
lubrique. Je sais que j'ai écrit un livre de litanies
pleines de sens, dans lequel la diversité a été plus
mon propos que le style, sur la forme la plus pure et
la plus sacrée, sur l'ostensoir que j'ai arraché aux
femmes banales pour le mettre dans un livre, pour
qu'en puissent jouir ceux qui craignent la contagion
et la saleté, un livre pour les ermites dont les âmes et
les mains sont pures et le demeureront.

*

"Je serai bonne – semblait dire du regard cette
femme en enfilant son épaisse veste ornée de lourdes
broderies sur les seins ; pour ne pas vous faire trop
mal, je vous présente mes seins dans le fourreau."

230

*

"Les seins sont l'éponge du cœur. Ils semblent lui essuyer le sang comme de grands cotons providentiels", me dit cette femme à qui je demandais un peu plus, un peu plus de sincérité sur ses seins.

*

Tant et tant de seins encore… Seins paraboliques, seins lobulés, seins stériles, seins bouillants, seins tacites, seins chlorotiques, seins griffus, seins de gitane pleins de baratin et sales comme le petit derrière d'un enfant qui s'est traîné par terre.

*

L'un des spectacles les plus agréables serait de voir comme tombent les seins quand la femme se baisse pour ramasser quelque chose. Oh ! malheur du vêtement ! Quand les jardinières ou les vendangeuses se penchent vers les fruits cachés sous les feuilles, quel bonheur ce serait que de voir leurs seins pendre, comme d'autres fruits qui rendent la terre plus fruitière. Les seins tombés ainsi avec aisance n'éveilleraient pas un vulgaire désir, car si cette posture et cette désinvolture étaient universelles, si les yeux contemplaient ce spectacle à toute heure, chez tous les hommes naîtrait une sérénité parfaite et durable,

les instincts se civiliseraient, se sentiraient heureux
et paisibles comme en un paradis.

*

Quel amusant subterfuge que l'euphémisme de ces
docteurs qui appellent les seins "les coussinets" !
"Découvrez-moi vos coussinets, couvrez vos coussinets." Mais, sous cette formule, les seins sourient,
les seins sont les seins, les seins se troublent.

*

Il y a des seins qui glissent sous la main comme
une savonnette… Devant ces seins, nous avons pensé
à la jolie fête que serait un mât de cocagne constitué d'une femme longue, longue et glissante, et dont
le prix pour celui qui atteindrait le sommet serait la
beauté de ses seins.

*

Un grain de beauté donne du piquant à ce sein comme
si on l'assaisonnait d'un grain de poivre ou d'une
truffe… Celle qui est parée d'un tel grain de beauté,
quel vif désir doit-elle éprouver de le montrer, quelle
vive démangeaison, quelle envie d'appeler un homme
pour qu'il taquine son grain de beauté, comme d'autres

appellent au secours pour qu'on leur déniche une puce !!

*

Les seins qui ont pris un coup de lune sont pleins d'une substance plus blanche que ce lait qui suinte de certaines tiges coupées, une substance plus blanche que la lune, une substance qui n'est plus celle qu'ils ont prise à la lune, exactement comme ce qu'il y a dans le miel n'est plus ce qu'il y avait dans les fleurs... Miel de lune !

*

Ce n'est que lorsque les femmes brûlent de solitude que leurs seins entrent en ébullition.

*

C'est lorsqu'ils s'appuient sur le manchon, languides et défaillants, que les seins sont plus ineffables que jamais. Les femmes les portent sur leurs manchons, tombants, couchés, reposés, soutenus, penchés... On est charmé de voir ce jeu des seins et du manchon, car la caresse égoïste est l'une des caresses les plus douces dont on puisse être témoin, même si elle est en même temps irritante. Elles, planant sur ce jeu, sourient, lèvent la tête, la rejettent en arrière, comme oublieuses de leurs seins que soulève négligemment leur manchon câlin, les honorant comme s'ils étaient blancs et nus sur la douce et sombre fourrrure.

*

Les seins regardent comme un monstre aux yeux saillants... Nous avons traqué cette expression, nous avons voulu la capter, nous l'avons presque saisie. Mais nous ne l'avons pas vue clairement, nous n'avons pu l'attraper ni établir jusqu'à quel point ces yeux ressemblent à des yeux de langouste.

*

Nous avons imaginé un sein en train de tomber et nous l'avons vu s'enrouler sur lui-même et rouler, subtilement fermé en une rondeur molle mais compacte, de la même façon qu'une goutte d'eau qui tombe dans la poussière formant une sorte de petite boule.

*

L'ombre des seins qui émerge d'un décolleté profond est la fleur des ombres, l'iris des ombres, l'ombre idéale, la touche caustique de la beauté, la clé des seins, le sentier engageant qui en conduit certains jusqu'au mariage, le chemin glissant qui nous précipite dans les gouffres de la sensualité ; c'est une initiation succulente, c'est la frontière entre clair et obscur, une courtoise invitation, c'est ce qu'il y a de mieux.

*

"Par pitié, un sein, un des deux !" implorerions-nous au coin d'une rue au passage de toutes les femmes.

*

Nous serions voleurs de seins. Nous escaladerions sans bruit les balcons, munis d'une lanterne sourde, et nous arriverions pieds nus jusqu'au lit où elles dorment, un sein dehors... Le vol, le vol parfait, ce serait de le voir, de le voir éclairé par la lanterne sourde, et de nous en retourner ensuite, sans aucun bruit, riches de cette image parfaite.

*

Pauvre homme, celui qui n'a vu que le sein de la femme qui fait téter un enfant, ce sein sans malice qui ressemble à l'un de ces biberons qu'on emporte en promenade dans un petit sac blanc, la chemise du biberon ! Pauvre homme, celui qui ne sait pas ce que sont deux seins, tous deux visibles, la paire, la fortune double, l'embarras du choix !

*

Il est agréable de voir passer des seins devant la terrasse du café, ceux qui vont vers le jardin public, et qui croisent ceux qui se dirigent vers le centre populeux de la ville, plus guindés, plus caparaçonnés. Ils sont tous sortis pour décorer la ville, pour y jeter le trouble, pour accomplir une sorte de devoir civique.

*

On voudrait ouvrir les seins des femmes comme l'on ouvre les épis de maïs frais… Nous les ouvririons, et ensuite, nous égrènerions ce qu'ils contiennent, et le bout de nos doigts en éprouverait une grande volupté.

*

Les seins, en hiver, sont bien gardés, bien cachés dans leurs retraites ; mais ils donnent des sensations de printemps lorsqu'ils se dénudent… En automne, ils s'adaptent à l'atmosphère ; ils deviennent plus sensibles, ressentent une grande tendresse pour tout ce qui les environne... Au printemps, ils se montrent, se sentent pleins de rosée matinale et printanière, rafraîchis, pleins de roses et d'une fraîcheur florale... En été, ils se sentent brûlés par le soleil, cuits, rôtis par la chaleur, et, dans la nuit noire, les femmes, quand on ne les voit pas, ouvrent leurs balcons et sortent leurs seins à l'air frais de la nuit.

*

Ecarter un pan du manteau ou du châle pour montrer un sein est un geste ingénu et canaille, plein de grâce.

*

Ah ! qu'elle est attirante, cette femme toute gênée par des seins trop vivaces, d'une vivacité à laquelle elle ne se serait jamais attendue sous le chemisier neuf ! Cela ne se reproduira pas, mais, pour aujourd'hui, elle ne peut plus reculer et elle poursuit sa promenade ; mais comme ils se font remarquer, ses seins, comme ils s'agitent et la mettent à nu !

*

Les seins ne sont jamais plus doux, plus offerts, et mieux que s'ils étaient nus, que sous un châle de crêpe.

*

Les seins libres sous les chemisiers amples, surtout s'ils sont rouges, incitent à la liberté, la conseillent, y conduisent, la demandent, la proclament.

*

On pense aux seins que le jaloux assassine et on les voit saigner comme une fontaine, sans se dégonfler pour autant, bien que la femme perde jusqu'à la dernière goutte de sang, culpabilisant par leur grâce l'assassin qui, devant le miracle de leur beauté intacte, voudrait ressusciter la victime.

*

Les seins des caméristes, retenus par les deux brides du tablier blanc à bavette et bretelles, sont des seins qui s'emballeraient sans ce frein, telles des pouliches sauvages, car ils tirent en avant et s'échappent presque, malgré la retenue des brides.

*

Les seins dans l'eau sont comme de blancs nénu-phars… De nombreuses, brillantes et rondes bulles d'eau se collent à eux et tout autour d'eux, en cercles concentriques ; et toute l'eau s'agite jusqu'au bord, proche ou lointain… Les seins dans l'eau s'épanouissent, se gonflent, s'adoucissent…

*

La femme plate se désespère et cherche sur la planche de sa poitrine les seins qu'elle n'a pas… Ce n'est que si elle est très intelligente, très coquette et très spirituelle, qu'elle aura des seins, et, en plus, des desseins ; des seins et des desseins vagues comme ceux des spéculations, mais d'autant plus excitants.

*

Les seins des femmes qui "n'ont pas froid aux yeux" sont des seins couverts par des châles qui n'ont pas froid aux yeux non plus.

*

La femme qui soigne ses seins est une femme provocante et prévoyante… Il y a bien du charme à entendre les prescriptions relatives au soin des seins… C'est quelque chose dont il faut se pénétrer peu à peu, syllabe après syllabe, pour bien en savourer les mots.

"Mettez les seins sous le jet de la douche", dit l'une de ces recettes ; et voilà les seins effrayés sous la douche, comme des enfants qui perdent la respiration et se mettent à pleurer lorsqu'on les baigne dans la mer et que la vague couvre leur tête. Les formules sont belles et agréables à l'oreille, et notre imagination les retient toutes. Essence de bergamote… (heureuse bergamote !)… 6 grammes. Essence de citron… (quel condiment que le citron !)… 6 grammes. Essence de romarin… (rustique et domestique romarin !)… 1/2 gramme. Essence de cèdre… (arbre immense, quel peut être l'effet d'une tonne de cèdre sur un sein ?)… 7 grammes. Essence de néroli… (nous ignorons ce qu'est le néroli mais il doit sans doute leur conférer quelque saveur aiguë)… 1 gramme et demi. Essence d'anis… (rien qu'avec de l'anis, les soupes sont délicieuses, donc avec une tranche de seins, ce doit être encore meilleur)… 1 gramme. Essence de cannelle… (hum ! si les crèmes renversées parfumées à la cannelle sont délicieuses, qu'en sera-t-il des seins ?)… 2 gouttes. Essence de lavande… (la lavande, dont on fait des fumigations en Andalousie dans les maisons où vient de naître un garçon, ne peut que bien s'accorder à ces deux nouveau-nés que sont les seins)… 5 gouttes. Teinture de musc… (le musc est bon marché, mais c'est un produit naturel comme pas deux ; il donnera donc une modeste et enchanteresse teinte de naturel aux seins)… 3 gouttes. Teinture d'ambre… (oh ! quelle couleur ambrée cette teinture doit-elle prêter à la blancheur des seins !)… 4 gouttes.

L'"essence de fleur d'oranger", qui donne, paraît-il, aux seins cette saveur d'orange qu'ils doivent avoir ; la "cardamome", autre plante tout aussi parfumée, qui rend plus subtile leur saveur qui se doit d'être nuancée, diversifiée comme rien d'autre au monde ; le "sulfate d'alumine", qui prépare la chimie qui doit s'opérer dans les seins ; le "lait d'amande", qui donne un aspect laiteux en rapport avec les seins ; des "larmes de myrrhe", étrange expression écrite telle quelle dans les formules et qui semble devoir donner beaucoup de pureté aux seins en leur faisant oublier leur tendance à être acariâtres ; les "alcools" qui entrent dans toutes les formules et cela, semble-t-il, uniquement pour faire perdre la tête aux seins, pour les enivrer et les préparer (plaise au ciel qu'il y ait de l'alcool à foison dans les formules !) ; "les fleurs de lavande", qui donnent aux seins un parfait petit parfum domestique ; le "benjoin", qui sent le "benjoin", ce qui est bien suffisant ; "l'eau blanche", qui semble être du blanc le plus diaphane, le blanc le plus subtil, le blanc qui doit entrer par les pores ; la "teinture de géranium", qui semble entrer dans les formules pour donner aux seins une teinte rose comme celle des géraniums en pots des balcons, sous l'éclat de la réverbération ; "l'essence de vanille", qui déposera, sur les seins, comme ce grain de beauté noir qui flotte et sombre dans la crème renversée, etc., etc.

*

Les seins qui, dans le corridor obscur, sont éclairés par une bougie prennent, sous cet éclairage, une plastique merveilleuse et, par là, séduisent fiévreusement – dans une fièvre pulmonaire – tels des seins de lumière.

*

C'est en regardant du balcon les seins qui passent en dessous qu'on apprécie le mieux leurs proportions… Parfois, nous voyons que certains, trompeurs de face, gros en apparence, ne le sont pas du tout et, d'autres fois, en contemplant ainsi le sein qui paraissait modeste, nous nous écrions : "Seigneur, quel morceau !"

*

Les seins de celles qui fréquentent les écoles de danse, celles qui veulent être de grandes ballerines et qui dansent tout le jour en costume de ville, en bas et en pantalons de femmes quelconques, plus provocantes ainsi qu'en tutu, sont des seins décidés à réussir, plus mobiles et enthousiastes qu'ils ne le seront jamais en dansant sur les scènes illuminées par les feux de la rampe. Les seins de celles qui fréquentent les écoles de danse parviennent à une truculente frénésie, mais très peu d'entre eux, seuls les plus forts dans la lutte contre d'autres seins, lutte acharnée de celles qui veulent devenir de grandes ballerines, pourront réussir.

*

Pauvre sainte Agathe, la sainte aux seins coupés, plus sainte que jamais sans ses seins, saintement transfigurée, qui fit sentir aux espaces le besoin du paradis !

*

Pauvrettes, ces femmes qui croyaient avoir, avec leurs seins, un grand capital, qui croyaient valoir beaucoup et qui se sont trompées… Bien fait pour elles ! Mais, les pauvrettes ! Elles n'ont plus rien ; du jour au lendemain, elles sont restées sans rien.

*

Il y eut des seins qui donnèrent du parfum. La femme qui découvrit un jour que ses seins lui donnaient ce captivant parfum abusa de son pouvoir et s'épuisa à faire sortir tous les jours du parfum de ses seins. Elle les pressait comme la poire d'un vaporisateur, et toute la chambre en était embaumée.

*

Les seins ont parfois le mamelon fendu. Cela leur donne un aspect de seins mutilés. Par ailleurs, on pense que, grâce à ces mamelons fendus, on pourra les gober entièrement.

*

Celle qui apporte le casse-croûte à son mari, la femme du maçon ou de l'ouvrier, lui apporte le casse-croûte et ses seins : agréable, optimiste entrée de son frugal repas !... Il faut respecter et laisser en paix ces seins du travailleur, la joie de son midi et de son minuit.

*

La séguedille est la musique allègre et amusante qui convient aux seins. C'est leur meilleur rythme. La parfaite chansonnière doit avoir aussi les seins menus et rondelets.

*

Parfois, un sein se couche sur le lit, entièrement, se laisser tomber comme une tête, mollement, sans retenue, en se laissant complètement aller.

*

Les seins des ambassadrices représentent leur pays mieux que tout le reste. C'est pourquoi il faut

s'incliner bien bas devant le buste de Mme l'am-
bassadrice.

*

On a envie de lui dire : "Je jouerais avec plaisir
avec tes seins comme ta fille lorsqu'elle saute de
son lit au tien pour jouer avec eux !"

*

Les jours de tempête, les seins sursautent, se cachent,
effrayés par le tonnerre, ratatinés par la grande pression de la tempête.

*

Les seins des sottes poussent robustes et pèsent dans
leurs chemisiers comme des pommes de terre dans
un sac. Les seins de ces sottes sont comme des pastèques ou des melons qu'on croyait mûrs et qui sont,
à l'intérieur, comme de la courge, blancs, sans substance, de la vraie calebasse. Chez les sottes et les
idiotes, les seins sont seuls, et les trouver, c'est trouver des seins sur lesquels il n'y a ni l'ombre d'une
idée ni celle d'une hauteur. Après tout, ce sont des
seins laissés à portée de la main comme devraient
l'être tous les autres, et c'est la raison pour laquelle

ils éveillent autant l'appétit, ces seins de franches idiotes, toujours éblouies par trop de soleil, ce qui les fait cligner de l'œil, toujours hébétées et décoiffées, mais ornées de leurs grands seins pendants. Ce sont des seins qui ignorent ce témoin gênant, malgré tout, la femme futée qui, elle, prête ses seins.

*

Il y a une femme qui n'a pas de seins mais qui échancre son corsage, qui fait si bien sa coquette comme si elle en avait, qu'elle donne l'impression d'avoir les seins les plus intéressants et les plus beaux du monde.

*

"Maintenant, ils sont rangés", semble dire la chanteuse qui les couvre après avoir fait son numéro, "Maintenant – semble-t-elle dire encore –, ils retournent à leur mystère, ils sont à moi… Pour que je les dévoile à nouveau, il faudrait de grands sacrifices et des paroles plus convaincantes… Alors, tu vois !…"

*

Il y a des fois où les seins de la femme nue sont des seins de Centaure ou, mieux, de "Centauresse". Sa taille fait un "S" et sa croupe est si charnue et si épanouie qu'elle forme avec ses cuisses potelées un second corps plus puissant que le torse. Ainsi, si ses pieds sont petits et si sa jambe se cambre bien, ses seins sont des seins de "Centauresse", seins que portent sur le poitrail ces cavales humaines.

*

Il y a des seins qui sont véritablement des seins d'amazone. Ils vont toujours au trot.

*

Il y a des femmes auxquelles le mariage sied très bien ; il les embellit, donnant d'invraisemblables proportions à leurs seins. Les anciens fiancés de ces femmes restent abasourdis en les voyant passer et pensent que s'ils avaient su que leurs seins deviendraient ainsi, ils se seraient mariés avec elles.

*

Il y a des seins de rose pompon, des seins menus, des seins comme une marguerite, comme un petit bouton d'ivoire.

*

Ah ! quelle surprise, le jour où cette fiancée convenable et silencieuse nous montra une photo d'elle,
enfant, où on la voyait clairement arborer de gros
seins, ronds et bien moulés, des seins que, plus
grande, elle n'avait apparemment plus ! Quels sentiments contradictoires provoquèrent en nous cette
découverte et cette comparaison ! Nous la sentîmes
plus chaude que jamais, si bien que nous nous
enhardîmes à chercher en elle les seins de la photo ;
nous les trouvâmes mais bien protégés, bien serrés
contre la poitrine, enfermés comme dans un sanctuaire. Elle les avait comme fait rentrer en elle-même
et les y maintenait au point d'étouffer son cœur et
ses poumons.

*

Les seins des baigneuses du port de mer sont des
révélations extraordinaires… Il est plaisant de
contempler la sincérité et le manque de sincérité
avec lesquels ils se découvrent… Elles les couvrent
en passant sur la plage et ne montrent, sous les ser-
viettes de bain, que leurs jambes d'un blanc pâle,
un blanc qui est fils de l'ombre où elles restent
enfermées comme punies… Ensuite, elles entrent
dans l'eau face à la mer, le dos offert à tous les
spectateurs, offertes de face aux dieux de la mer qui
les regardent, les attendent et leur tendent les bras

de leurs vagues… C'est l'instant où il y a le plus d'yeux pour les regarder, même de la mer… Et quand elles entrent dans l'eau, leurs seins frissonnent, rétrécissent, se contractent, le mamelon se rétracte et d'excroissance devient fossette… Ensuite, leurs seins réagissent sous la pression de l'eau vive, sous le fouet de la vague qui les cherche, se brise intentionnellement sur eux, se baisse pour les saisir, et c'est là que leurs seins augmentent de volume. Ah ! quelle invite que celle de ces seins dans l'eau ! Oh ! combien de garçons se sont un jour noyés pour avoir voulu les braconner sous l'eau ! Les baigneuses s'efforcent de rester cachées dans l'eau ou face au large mais, parfois, elles se retournent et jouent sur les vagues, nues, complètement nues, car leurs costumes de bain mouillés les dénudent en soulignant d'une plus vive couleur leurs trésors secrets. Accrochées à la corde qui indique qu'il n'y a pas beaucoup de fond, elles se donnent de petits bains de siège et, lorsqu'elles se mettent à quatre pattes, elles mettent en valeur le classicisme de leur cul. Elles se savent vues par tous les yeux et, surtout, par les jumelles perfectionnées qui n'en perdent pas une, qui les tirent, qui les ramènent vers la plage comme le ressac. Même quelque capitaine, qui croise au large sur un bateau invisible de la plage, les suit de sa longue-vue aux cent nœuds, aux cent articulations. Elles, qui jouent dans la mer, se transforment soudain en travailleuses de cirque. Leurs seins batifolent sous l'eau comme de belles étoiles de mer, elles font un dernier plongeon, puis elles reviennent sur la plage, rougissantes, guillerettes, cachant de leurs mains leurs seins mouillés, décollant de leur peau le tissu trempé, cherchant le drap de bain. Ensuite, elles se couvrent puis, enfin au milieu de la plage, elles se découvrent pour mieux se couvrir, et c'est le moment où elles se montrent le plus entièrement, tout le tissu collé à leurs seins, à leur ventre et à leurs fesses, lisses et rougies. Ensuite, la cabine de bain est l'endroit où les femmes se retrouvent le plus délicieusement seules, en tête à tête avec elles-mêmes, et c'est là que leurs seins acquièrent une réelle ivresse, qu'ils éprouvent leurs désirs les plus vrais, leur plus terrible rébellion ; c'est dans ces moments que les seins voudraient pouvoir voler et les transporter à travers les airs, tels deux ballons capables de cette prouesse. Il y a un moment radieux, dans la cabine de bain, où l'on voit la vérité radieuse de leur véritable vocation. Par le petit interstice du toit mal joint de la cabine, s'infiltre toute la solaire révélation qui leur parle, et leur donne une fougue qu'elles apaisent.

*

Les seins que l'on voit dans les loges et dans les fauteuils de l'Opéra sont les plus majestueux, des seins classiques que l'on voit d'en haut et qui changent le paradis de place... Nombreux sont les hommes qui ont été pris de vertige devant l'un de ces seins, et certains se sont rompu le cou en tombant sur les fauteuils d'orchestre… D'en haut, on voit le réjouissant spectacle des mondanités ; on regarde les messieurs chic qui viennent présenter leurs hommages aux dames aux seins à l'air, sous la bannière de leur corset ; on les voit plonger leur nez dans les profonds décolletés, jouant les myopes, et ils ont des gestes hypocrites qu'ils effectuent avec la plus grande aisance, comme de plonger un doigt dans la chantilly des seins, ou d'y appuyer le front en se penchant sur eux, ou encore de les caresser subtilement de leur souffle… La vie moderne en ses conventions, hypocrite et dénuée de franchise, s'adonne à une sympathique licence qui dépasse tout ce que l'on peut dire, mais que les chroniqueurs de la société se gardent de relever et encore plus de raconter, par exemple que la marquise X dansa la danse des seins dans son fauteuil, que la comtesse de C prodigua ses seins toute la nuit et que la baronne de D offrit les siens, comme ne le font même pas les hétaïres nocturnes qui hantent les Champs-Elysées et toute ville, ces courtisanes qui disent : "Touche, pour voir."

*

Les seins sont différents dans chaque quartier… Il y a des quartiers où les seins sautillent comme des oiseaux dans les arbres pleins d'oiseaux… Il y a le quartier que rehausse et rend intéressante une brune aux beaux seins, toujours à son balcon, et qui est comme l'attraction du quartier, ou une ferblantière qu'on voit de loin, sur le pas de sa boutique, dont les seins font saillie sur la rue comme des signaux de train pour le convoi des hommes qui passent… Il y a le quartier où tous les seins sont gardés, le quartier où il n'y a que des vieilles, et où par conséquent, les seins sont des reliquaires ; il y a le quartier des seins tristes, des seins de demoiselles pauvres qui ne voient poindre aucun mari, car leur quartier est lointain et peu fréquenté… Il y a le quartier où les seins ne sont pas accoutumés à la vue d'un homme et courent se cacher quand il arrive, comme ces lapins qui détalent au passage du train… Il y a le quartier de celles qui passent en faisant danser leurs seins… Le quartier des seins que l'on sort comme les Vierges pour la procession… Le quartier juif ou arabe avec ses seins basanés et maudits, des seins qui empoisonneront celui qui viendra s'y abreuver… Le quartier des maisons closes où l'on ne peut plus distinguer les seins frais et propres, dans la masse confuse des seins sales, des seins-gibecières.

*

Grâce aux seins qu'ils trouvent le jour de leurs noces, certains hommes – pas tous, mais quelques-uns –, qui paraissaient incorrigibles, deviennent doux, conciliants, et ont plus d'idées sur la vie. Il y a des seins qui éclaircissent le rythme des idées, y compris le langage arbitraire de ceux qui y étaient les plus réfractaires… Cependant, il y a des hommes dépravés, sinistres, insupportables, que les seins de leurs femmes ne parviennent pas à améliorer, et qui restent pleins de haine pour tout ce qui ressemble à des seins ; ce sont des hommes qui ne suivent pas les conseils de libre pensée, de souplesse, de gentillesse et de scepticisme sans violence que prodiguent les seins.

*

Les seins de la grande chanteuse, de la chanteuse d'opéra, sont les seins les plus augustes du monde… Ils sont déchirés et attendris par les aigus de poitrine qu'elles poussent, et elles se sont tant de fois costumées en reines qu'ils en sont devenus de vrais seins de reine, des seins royaux qui ont la plus imposante des pentes, une pente que relèvent les grands médaillons et les joyaux qui y sont accrochés, faisant pâlir d'envie les vraies reines qui invitent les grandes cantatrices dans leur loge ou dans leur palais. Les seins des grandes chanteuses d'opéra sont indubitablement des seins merveilleux par excellence et, pour se convaincre de cette vérité, il n'y a qu'à penser au traitement plein de respect, de politesse, qu'on leur réserverait s'il fallait les traiter tout nus, en objets pleins d'une valeur personnelle, telles des huîtres perlières géantes. Les seins d'une reine, en se dénudant devant nous, nous paraîtraient pervers et frivoles et cesseraient, par ce simple geste, d'être des seins de reine. Ceux des grandes chanteuses, qui parcourent le monde de succès en succès et gagnent des mille et des cents, sont d'une importance à faire pâmer, ils sont royaux et elles les portent comme une cuirasse d'or, repoussé par le meilleur des orfèvres, une cuirasse de reine des Walkyries.

*

Les seins ne connaissent qu'une seule concurrence ; ils se mesurent aux rondeurs des épaules, qui sont d'autres seins mais plus durs, mais plus durables et meilleurs.

*

Les seins de la femme savante sont des seins d'une blancheur cérébrale, mous comme des cervelles, agités de petites pensées qui les dissolvent un peu et… cependant, les seins de la femme savante sont bien des seins, des seins comme tous les seins, et cela nous remplit d'une grande tendresse pour eux, à tel point que l'on a envie de leur dire : "Venez ici, pauvres seins pleins d'erreurs, de vaines recherches, de leçons d'école primaire… Venez ici, pauvres petits seins qui vous méprenez, qui vous égarez hors des deux bons chemins des seins : celui des seins qui se sont sublimés et celui des seins de chèvre de la femme belle et stupide… Venez ici, car malgré tout, la caresse vous trouvera doux, vous distraira, vous élèvera au-dessus de votre pédanterie et vous rendra le naturel."

*

A l'aube, on dirait que les seins sont finis. L'aube ne croit pas aux seins, elle les vide et les laisse démunis. A l'aube, les seins flottent comme l'enveloppe de paille des bouteilles de chianti dans l'eau des canaux de Venise.

*

Le cadre parfait des seins, c'est en croisant ses bras que la femme le forme, en les serrant l'un contre l'autre et en leur donnant ainsi plus de relief, plus de surface.

*

Les seins ont aussi quelque chose des lanternes, des phares des automobiles.

*

Ils semblent pleins de ces fluides magnétiques que captent les spirites pour les répandre alentour comme une clarté laiteuse.

*

Aux balcons, ils se penchent au-dessus des balustrades comme des gosses curieux.

*

Les seins des serveuses de bars à matelots, là-bas, à Gênes ou à Marseille, transforment toute boisson, en se penchant seulement sur les verres comme sur les siphons au jet invisible, en quelque chose de plus fort que l'absinthe.

*

Les seins devraient être franchement des corolles avec le pistil au fond, ils devraient être délibérément des fleurs et non ces choses timorées, ces avortons. Oh ! toucher les pistils surmontés de leurs boutons, respirer le fond des corolles, plonger le nez dans la profondeur des corolles !

*

Ah ! si l'on pouvait voir les seins sous la gaze et les tulles noirs comme on voit les bras sous le tulle des vêtements de deuil en été ! A en juger par la qualité que prennent les bras nus, visibles sous ce voile, et parés d'une couleur sombre et tragique, on peut imaginer quelle perfection pourront avoir les seins, si proches et si lointains, juste après la mort, une couleur troublante dans l'obscurité du cercueil.

*

Les seins villageois sont comme la lune du village, quelque chose qui adoucit, avec une générosité inattendue, la solitude et l'aridité de la campagne. Ils se cachent, on ne les voit pas, mais leurs maîtres les palpent, rêvant à toutes les délicatesses qui existent dans les villes lointaines, à tous les tissus satinés dont jouissent les riches. C'est leur seule compensation et c'est parce qu'ils ont ces seins qu'ils restent dans leur coin, se résignent, attendent, se déplacent si lentement. Oh ! s'il n'y avait des seins que dans les grandes villes, on y verrait déferler les hordes sauvages, ivres de violence et de désir… !

*

Le portrait du médaillon posé sur les seins semble représenter l'être qui y niche, visage qui se montre par là et que l'on voit comme à travers la vitre qui abrite la poitrine des saints dans les reliquaires.

*

Allez savoir pourquoi, mais nous pensons avec certitude que les seins des Egyptiennes furent les plus précieux, les plus vifs et les plus aigus. On dirait que c'est leur esprit qui leur a donné forme, cet esprit empreint d'une grande religiosité faite de terre forte, de terre rêche, d'une intense contemplation des horizons, de subtilités et d'idéalités qu'on n'a pu imiter depuis.

Au fond des momies si emmaillotées, on retrouve ces seins drus et vaillants, ces seins qui furent des plus simples et qui agirent, sur le corps léger de ces femmes, avec autant d'avance sur leur temps. La mesure des seins des Egyptiennes est la mesure géométrique des premiers et des meilleurs des seins. Ils sont en harmonie avec la taille et le reste du corps, et il fallut pour les réaliser beaucoup d'opérations, beaucoup de pointillés, beaucoup d'$A + B + C$ et beaucoup de réflexions sur les seins et les desseins.

Quelle merveille, la place de ces seins ! Qu'ils sont haut placés sur la statue aux jambes longues et fines ! Quelles formes authentiques sous cette noble protection ! Ils révèlent toute la grâce, ils indiquent toute la finesse de leur esprit. Avec les siècles, la simplicité de ces seins s'est perdue et on ne l'a plus retrouvée.

*

Les seins des servantes mènent une danse domestique qui a un certain rythme, la danse du cirage des sols. En voilà un balancement de pendules frénétiques, celui qu'entreprennent les seins qui battent la mesure en cirant les sols. Plaisant fox-trot !

*

Il devrait y avoir un Jardin botanique des seins, un véritable et vaste Jardin botanique où figureraient toutes les espèces de seins de l'univers, entretenus et alimentés par les plus belles femmes de toutes les espèces. Elles pourraient y être nues, les seins à l'air, statiques comme des arbres. Le petit écriteau en latin qui pend des arbres et des plantes des jardins botaniques pendrait entre leurs seins comme un grand médaillon, indiquant la provenance de chaque femme et le nom de ses seins : "SENUS ABISINUS", "SENUS GOMORRIENSES", "SENUS JAVANESES". Oh ! l'admirable Jardin botanique, plein de seins conservés dans les chaudes serres durant l'hiver et à l'extérieur le reste de l'année ! Le ministère des Beaux-Arts devrait s'occuper de cela.

*

Il y a de la fleur dans le sein, un bouquet tourné
vers l'intérieur dont le bout des tiges est le mamelon. C'est ce bouquet de fleurs qui respire en secret
l'air de ses poumons, qui leur donne vie et fraîcheur.
Dans les planches d'anatomie, on voit le bouquet
de fleurs qui structure le fond des seins : un bouquet de lilas. Pauvres bouquets fanés, ceux des seins
inanimés et maussades !

*

Les seins s'en vont en goguette aux fêtes foraines
et votives, filent à l'anglaise, désireux de souffrir et
de jouir, avec l'angoisse secrète d'être lapidés par
tous les hommes qui se rassemblent pour l'occasion en ces lieux. Elles feront semblant de ne pas
remarquer ce qui leur arrive mais, en se couchant,
elles verront bien que leurs seins sont plutôt mal-
menés, comme en expiation du plus grand de tous
les péchés.

*

Les seins des vieilles sont comme des chaussettes…
Les hommes qui, dans leur jeunesse, n'auront pas
su prévoir que ces seins si doux deviendraient
vieux paieront leur inconscience du prix de leur

vieillesse, et seront pris au dépourvu, abattus et pessimistes. Ne pas savoir établir de relations entre les choses, des relations pertinentes, rend la vie plus difficile qu'on ne peut le dire. Et les hommes, hélas ! manquent méchamment de prévoyance !

*

Les seins de celles qui se penchent au balcon pour secouer les chiffons de poussière sont les seins les plus innocents ou dans le moment le plus innocent... Elles secouent par la même occasion la poussière du temps et réjouissent, vivifient et rajeunissent leurs seins.

*

Les seins de celles qui vont au marché ont aussi une sympathique nuance matinale et semblent de la même qualité que ce qui déborde de leur panier, les fraîches caillettes et les fruits frais. Ils sont aussi un produit du marché, viande fraîche et délicate, la plus délicate du marché.

*

Les seins sont comme des yeux de monstre, des yeux en forme d'œufs effrayants, des yeux de crapaud géant... Par moments, c'est ce que nous voyons, au point d'en oublier qu'il s'agit d'une femme, et nous comprenons alors combien nous sommes immondes nous et les autres hommes, combien le monde est immonde, combien il est perdu et à quelles obligations il est soumis.

*

Les seins fatigués de plaisir, les seins d'après le plaisir tombent, plus flasques que tout ce qui est flasque en ce bas monde... On les voit épuisés, crevés de fatigue, morts, froids, exsangues... Les yeux que sont les mamelons regardent avec la plus grande des résignations, ils regardent vers le bas avec beaucoup de philosophie, avec une immense fatigue... Les seins recrus de plaisir sont vides comme ceux de la vache que viennent de traire des mains avides, et ils restent vides très longtemps, le temps qu'il leur faut pour refaire leurs forces et, si on les faisait tinter, ils sonneraient creux. Ils baissent leur tête humiliée comme des chiens harassés, comme du gibier abattu. Ils sont comme un fruit dont on aurait sucé la douceur, n'en laissant que l'apparence trompeuse et la fibre sèche. On dirait que la femme n'a plus qu'à les jeter, et on éprouve à leur égard une ingratitude égale à la gratitude qu'on leur avait manifestée. Les femmes doivent les ressentir comme un souvenir qui aurait pu peser moins lourd, qui pourrait être quelque chose de plus subtil et de plus flou.

Ils sont trop endurants, cyniques et impassibles ! pense-t-on en les voyant si effrontés et si malins, fin prêts pour recommencer, vigoureux comme jamais, pleins de défi et quelque peu moqueurs devant l'épuisement de l'homme.

*

En hiver, sous des épais manteaux, les seins gagnent beaucoup en prestance, et semblent mieux défendus contre les attaques de l'amour. Ils sont gardés comme dans une armoire… Parfois, leur galbe est admirable sous le manteau qui leur sied à merveille. Sous les manteaux qui les maintiennent et contiennent, ils ressemblent à des seins de statues classiques, même si leur vie a la transcendance de la vie humaine. Sous l'étoffe des manteaux, ils sont comme dans leur gaine, protégés telles des perles dans la coquille de l'huître perlière.

*

Comme aux pigeons de Castille, comme à ces colombes vêtues de ce gris pigeon si tendre, les robes grises vont bien aux femmes, de ce gris qui souligne des nuances les plus douces leurs plus douces rondeurs.

*

Dans les chemisiers couleur fraise, les seins sont parfaitement définis : ce sont deux kilos de fraises fraîches, savoureuses et parfumées, deux kilos de fraises d'Aranjuez.

*

Les seins les meilleurs, les plus frais et sans la moindre trace de rance, sont les seins d'un seul printemps, ceux qui, en un seul printemps ont poussé, ont fleuri et commencent à se faner.

*

Des seins au creux desquels nous aurions aimé vivre : les seins de la contrebandière, la terrible contrebandière aux seins arrogants, la femme vaillante qui, entre ses seins, porte le butin.

*

Que les seins n'aient jamais été autrement faits, qu'ils soient toujours égaux à eux-mêmes en dépit de toutes les modes, voilà qui donne une belle unité de temps au Temps !

*

Les seins sous les chemisiers à pois ont vingt mille mamelons, vingt mille mamelons qui parfois sont bleus, parfois rouges, parfois verts ou roses… O jolie ruche de mamelons qui donne une telle vie aux corps ! O chemisiers débordants de seins !

*

La servante coureuse ne mérite pas le pardon de l'homme qui doit lui courir derrière et l'attraper, puisqu'elle ne court que dans ce but… Les charretiers lui mettent la main dessus, car les charretiers ne cherchent que des seins au point que l'on dirait parfois que leur charrette déborde de seins comme lorsque l'on voit, par les fentes de la charrette, de ces porcs dont la chair morte et flasque tremble pareillement.

*

Lorsqu'elles piquent une épingle dans leur corsage, on redoute qu'elles ne se transpercent les seins, et on est épouvanté un instant de ce risque terrible.

*

Oh ! la menteuse ! Elle semblait suffoquer, mais c'était feint car ses seins étaient déjà bien mordillés, tel un fromage entamé. Comment lui faire payer ce mensonge : avoir voulu nous faire croire qu'elle suffoquait ? Jusqu'où faudra-t-il aller pour en tirer une véritable suffocation ? Il faudra la tuer.

*

Les seins des Russes semblent avoir poussé dans la neige et leurs fraises sont des fraises blanches. On dirait qu'ils sont froids, mais ils sont d'une blancheur chaude et inimitable. Ils vivent dans l'intimité, se jouant du froid extérieur comme le samovar au cœur des maisons. Il en a coûté beaucoup pour les protéger du froid dans la serre étroite de leurs corsages serrés. C'est pourquoi hommes et femmes les chérissent avec une tendresse particulière.

*

Les seins des femmes qui roulent en automobile défient les hommes qui auraient le plus de droits sur eux. Ce sont des seins fuyants, lointains, qui échappent aux satyres invisibles incapables de les attraper. C'est pourquoi, sans les indispensables caresses, ils resteront comme d'insipides objets d'un luxe stupide, du même caoutchouc que celui des pneus ou de la poire de l'avertisseur sonore de l'auto. Les femmes momifient leurs seins dans les autos, car ils sont plus perdus pour le monde que ceux des mortes, suivant un chemin trivial et vain, enfermés dans cette vitrine, impénétrable au regard de la vie. C'est pourquoi, manquant du regard créateur, leurs seins ne sont que des seins incréés, douteuses fantasmagories dans l'écrin vain de leurs vaines automobiles en pleine vitesse.

*

Les seins ont quelque chose de si définitif que, lorsque nous songeons à l'avenir de la Terre, à ce qui se passera après notre mort, après que nous aurons été définitivement sevrés, que nous ne serons plus en état d'aspirer à toucher les seins, ce qui nous semble le plus clair parmi les actions que pourront faire les autres hommes, c'est de "jouer avec les seins"…

*

Les seins d'Amérique du Nord sont des seins d'acier. Parmi ceux d'Amérique du Sud et de Cuba, il en est qui, comme fruits, ont un grand intérêt : certains sont comme des ananas mûrs, mais au goût différent, beaucoup plus sucrés ; d'autres semblent faits de la moelle de la canne à sucre. Presque tous, en pleine jeunesse, sont déjà un peu passés, encore que cette précoce maturité ne les empêche pas d'être merveilleusement consommables. Les femmes les portent comme des fruits un peu blets, mais dont il reste encore pas mal de bonnes bouchées.

*

C'est quand on les saisit par-derrière que les seins donnent le plus la sensation du volume. Quand on les surprend de la sorte et qu'on les embrasse complètement, on les sent se gonfler, tirer, se tendre, pointer en avant. Ce n'est que de cette façon, en les prenant par-derrière, qu'on les piège et les devine car, quand on les entreprend de face, ils se retirent un peu dans leur coquille, sans même s'en rendre compte, et ils se rétractent. Oh ! ce braconnage : les attraper soudain par-derrière ! Pris ainsi, ils s'abandonnent à la vérité comme une femme à qui on met par surprise les deux mains sur les yeux. Ils croient être saisis par l'Idéal et se dilatent de plaisir.

*

Ah ! cette femme pouvait nous frôler de l'opulente cascade de ses seins pareils à ces jardins dont la grille ou le mur regorgent de verdure et où l'on peut cueillir une fleur.

*

Les seins de la prestidigitatrice sont pleins de tout
ce que ses dons d'illusionniste tirent on ne sait d'où…

*

La jeune fille aux seins tombants acquiert par là une
grande importance. Elle les arbore comme des seins
de femme. Ce sont les seins de sa mère que la gamine
a empruntés pour sortir. Cette jeune fille aura des
instincts paisibles, aiguisés, patients, et le seul
homme qui prendra ses seins sera troublé, comme
s'il touchait des seins maternels. De la sorte, elle aura
un grand pouvoir sur les hommes de son âge, elle les
traitera en femme plus expérimentée et plus vieille
qu'eux, et cela les rendra fous d'elle.

La jeune fille aux seins tombants vient d'une
autre vie où les seins sont usés, caressés à satiété,
on ne sait par quelles mains de l'autre vie. On
dirait que la jeune fille aux seins tombants ne
vivra que la moitié de sa vie, seulement la moitié
d'une vie.

*

Les mains du Purgatoire, ces mains qui jaillissent
hors du feu comme des flammes vives et expres-
sives, demandent, espèrent, aspirent à des seins frais.

Leur geste est celui de la supplique, celui d'indiquer des seins, car cela, plus que tout, calmerait leur soif ardente, leur terrible acidité. Ce moule que forment ses mains crispées, c'est le moule des seins.

*

Il ne faut pas séduire une femme en commençant par ses seins ; ses seins sont la dernière chose à séduire parce qu'ils n'exercent aucune influence sur la femme : les seins assistent à tout, impassibles et muets. C'est la grande erreur que commettent certains débutants : vouloir commencer par séduire les seins de la femme.

*

Dans l'obscurité, à l'heure où le soir tombe, nous nous interrogeons :
"Celle qui vient a-t-elle des seins ?"
Le soir est le moment où les seins se perdent, sombrent, on ne sait plus où ils sont passés, c'est le moment où toutes les femmes ont une silhouette attirante et ambiguë, une langueur d'ombre blanche et énigmatique.

*

C'est lorsqu'elles sautent à la corde que leurs seins sont les plus frénétiques. C'est en sautant à la corde que les fillettes rendent leurs seins vifs et loquaces, c'est lorsqu'elles sautent à la corde que l'on voit pousser leurs seins naissants.

Devant ces gamines en train de sauter, il y a de malicieux spectateurs qui jaugent, à travers le remue-ménage qui se fait sous les blouses légères, jusqu'à quel point elles ont des seins. En sautant à la corde, les seins les plus prudents s'abandonnent avec une folle imprudence et, bien que, parfois, la fillette les retienne d'une main pour qu'ils ne dépassent pas les bornes, ce geste souligne davantage l'excitante agitation de ses seins. Qu'ils sont doux et vifs, ces oiselets ! Le spectateur, face à la longue file de celles qui sautent, guette celle dont les seins sautillent le plus, les seins qui font étinceler les regards, les seins qu'on ne soupçonnerait jamais avant de les avoir vus sauter à la corde !

Chez certaines sauteuses à la corde, il n'y a que leurs médailles qui sautent sur leur poitrine plate. Quelques-unes, parfois, cessent de sauter, confuses de la folie qui gagne leurs seins. Mais quelle laideur, que le spectacle est gâché lorsque les servantes aux gros tétons se mettent à sauter lourdement parmi les fillettes aux seins naissants, ces seins au rythme délicieux !

*

Il y a des seins terribles, les seins de Miura*, des seins braves comme le sont les taureaux du meilleur élevage, des seins que redouteront toujours les hommes qui ont été un jour encornés par les seins de Miura.

*

Les seins de l'élégante, de la parfaite élégante, sont peut-être les seins les plus froidement snobs, des seins snobs comme ne le sont même pas les femmes snobs, car en vérité, en vérité, il n'y a rien de plus snob que l'élégante obsession du vêtement chez l'élégante, que son absurde obéissance à la mode, que sa ressemblance étroite avec les autres élégantes, et que son incroyable maniérisme... Les seins de l'élégante sont des seins qui semblent achetés à la boutique des seins élégants, ce sont les plus chers, mais on dirait des seins de prêt-à-porter, bien qu'ils aient été confectionnés par la première couturière pour seins. Les seins de l'élégante sont comme du linge blanc ; ils ne se répartissent qu'en trois catégories et se ressemblent tous comme se ressemblent entre elles les choses élégantes. Ils sont la propriété du mari tout comme son chapeau

* Miura : nom d'un élevage de taureaux particulièrement sauvages et redoutés des toreros. *(N.d.T.)*

claque, la robe de bal de l'élégante ou la parure de diamant qui pend à son cou. Grands pendants d'oreilles de brillants que les seins !

*

Les seins japonais sont des seins menus, parfois des seins de malachite. D'autres fois, ils sont en jade, d'autres fois, en papier de soie, ou encore des nénuphars ou des camélias. Les seins japonais sont des seins de grandes poupées aux seins naissants parce que le Japon – pour que ses matins soient plus triomphaux – n'est pas seulement le pays du Soleil levant, c'est aussi celui des Seins naissants.

*

Les seins de boiteuse sont des seins admirables qui inspirent une grande tendresse. Grâce à sa démarche heurtée, les seins de la boiteuse se développent beaucoup et dansent des danses capricieuses et variées selon le rythme de la claudication. La fée des visages, en voyant les boiteuses, les a favorisées et la fée des seins, émue également, leur a fait don de seins consolateurs et vifs. Parfois, il semble que les seins des boiteuses doivent souffrir de tant remuer, de tant se bousculer l'un l'autre, et ils font de fougueux moulinets qui déchaînent l'enthousiasme des observateurs. Elles, elles paraissent désespérées de l'enfer de leurs seins en folie. Leur faiblesse, leur visage délicat et leurs seins avantageux font perdre la tête aux hommes qui épousent les petites boiteuses, car les femmes qui boitillent, on ne peut que les épouser. Se contenter de les séduire serait inconvenant !

*

Je vois une dompteuse qui entre dans la cage aux lions, exhibant la provocation de ses gros seins bombés, et je vois le lion, conscient de ce défi, qui lui donne un coup de griffe sur le décolleté, lui arrachant un sein qui roule comme une boule sur le sol. Le lion l'emporte dans un coin, non pour le manger mais pour y poser la patte à la façon des statues de lion en bronze qui posent leur patte sur une boule, mais avec une expression plus douce de volupté.

*

Sitôt abandonnée la femme dont nous venons de toucher les seins, voilà que les autres seins nous tentent déjà comme une chose neuve et jamais expérimentée.

Les seins sur lesquels retombe la dentelle des man-
tilles sont comme des balcons ornés de draperies,
sur les balustrades desquels les femmes se penchent.

*

Les tétines de protection ont quelque chose de charnel,
d'aussi charnel que les vrais mamelons sur l'aréole
sombre. Les femmes les gardent dans les tiroirs de
leur table de nuit, et les découvrir soudain dans ces
tiroirs c'est comme trouver un morceau coupé ras, du
sein mol et charnel, vivant, en quelque sorte, et actif.
Oh ! je suis sûr que bien des hommes se contente-
raient du cadeau des tétines de caoutchouc rouge des
belles femmes aux seins divins !

*

Les seins des chemisiers rouges semblent faits de
coquelicots, ils sont gorgés de sang, et leurs amants
jaloux leur font parfois une saignée.

*

Les seins des servantes du Grand Seigneur sont des
seins à sa discrétion, et quand il en prend fantaisie

au Grand Seigneur, elles les lui servent sur un plateau d'argent, enchantées qu'il ait bien voulu sonner le timbre à cette fin.

*

Comme elles pétrissent leurs seins ! Avec quelle familiarité ! Et que ce geste, à la fois désinvolte et discret, est excitant !

*

Oh ! la charmante enfant qui veut tuer celui qui lui a touché les seins !

*

Les seins de la femme de Lucifer sont les seins les plus pompeux qui aient existé. Il a choisi, entre toutes les femmes aux plus gros seins qui vont en enfer, et sans pouvoir y résister, la plus grande, la femme la plus blanche, aux seins les plus beaux et les plus gros. C'est ainsi que les damnés regardent avec des yeux brûlants d'envie la femme de Lucifer, dont les seins prodigieux sont rouges de reflets ardents.

*

Les citrons ont le bout plus cru et plus rond, ils sont tendus, prêts à éclater, comme devraient l'être les seins. Pourquoi au lieu de "ma moitié d'orange*" ne dit-on pas "mon demi-citron", ou, mieux, "mes deux demi-citrons" ou, si l'on veut mêler l'aigre et le doux, "mes deux demi-pamplemousses" ? Même les enfants, lorsqu'ils cueillent un citron, lui donnent un coup de dent dans le mamelon et le rendent plat.

*

Quand on pense aux seins, on ne doit pas manquer d'évoquer cet aspect de chair crue vouée au pourrissement, qui est ce qu'il y a de plus vivant en eux, cette chair transparente aux teintes violacées – de petits vases transparents – et surtout ce ton légèrement ombré de l'aréole chez les seins les plus beaux.

*

Nos yeux se dilatent comme de grandes loupes quand nous regardons cette zone rosée autour du mamelon, sillonnée de minuscules rides. Petit paysage des plus intéressants !

* Expression espagnole qui correspond à "ma moitié". *(N.d.T.)*

*

Nous ne devons pas oublier non plus que ce sont des "glandes en grappe".

*

Dans le silence et dans la solitude, les seins sont comme de petits chiens couchés aux pieds de leur maîtresse. Ils s'ennuient d'être seuls et ce sont eux qui font que les femmes, sentant leur pression solitaire, poussent ces longs soupirs de solitude… Elles s'agitent un peu, soupirent et retournent au silence de leurs seins assoupis et tombants de silence… Ah ! si quelqu'un se jetait sur eux maintenant, c'est alors qu'il les prendrait dans toute leur vérité !

*

Les seins de Marie Madeleine furent la surprise de son repentir, ce qui tomba de façon plus surprenante que ses larmes, la grande offrande de sa contrition. Les seins de sainte Marie l'Egyptienne furent aussi des seins terribles et d'une âpreté inhabituelle.

*

Les seins de la femme rebelle sont durs comme des poings serrés et menaçants, ils portent leur dureté en avant, découvrant de la sorte le degré de rébellion qu'il y a dans la femme rebelle et combative, prête à tout, plus audacieuse que les hommes, car ses seins sont toujours en première ligne alors que les poitrines des hommes sont toujours en retrait.

*

Parfois, il y a des femmes qui ont un sein supplémentaire et d'autres, un mamelon... Ce secret fera tourner autour d'elles, pantois et pris de vertige, l'homme qui l'aura surpris, et qui ne pourra plus s'éloigner de cette femme exceptionnelle... Le troisième sein se trouve sous les autres et transforme la femme qui en est dotée en cauchemar... Le mamelon superflu est situé en des endroits divers, et l'on voit qu'il voudrait être un sein de plus, qu'il aspire à être quelque chose d'impair dont on ne sait trop la signification... Les femmes sont incapables de garder ce secret et en propagent partout la nouvelle, ce qui attire les hommes en quête d'un semblable phénomène. Tous ceux qui sont au courant regardent la brave fille autrement, comme si ce "trois" était le signe d'une mission accomplie ou un désir de perfection manifesté par son corps... On regarde ces femmes comme une sorte de Messie, comme les dépositaires de quelque chose qui n'existe pas chez les autres femmes.

*

Lorsqu'elles se couchent sur eux, on a l'impression qu'elles vont les étouffer, qu'on les trouvera étouffés au réveil, comme ces nouveau-nés que leur mère écrase par inadvertance en se retournant sur leur lit d'accouchée.

*

Oh ! lorsqu'on n'en croit pas ses yeux et qu'elles disent : "C'est que je les ai sanglés !" Et qu'elles ajoutent pour convaincre l'incrédule : "Touche et tu verras !"

*

Il doit y avoir une terrible solitude des seins, une longue et très blanche solitude qui s'empare entièrement d'eux.

*

Les seins de la maîtresse du richard se remplissent peu à peu d'or, car la maîtresse, craignant les lendemains, en profite pour accumuler l'or, le petit bénéfice que l'on peut soutirer à ses amants.

*

Le plus adéquat et le plus agréable pour laver les seins, c'est une éponge. Quel délice pour les yeux que de la voir s'arroser et s'éponger ! Quel délice que cette main qu'elle passe et presse contre ses seins, et quel délice que celui de l'éponge elle-même et celui des seins polis, lavés avec de grandes et douces éponges !

*

Les seins en gelée palpitent sur les motos dont une femme occupe le side-car : ils palpitent de façon syncopée, violente, insensée, avec une agitation toute moderne.

*

Chez les anthropophages, il y a un vendeur de seins qui passe par les rues des villes noires faites de huttes comme celles des chiffonniers noirs, en criant :
— Des seins, de bons petits seins, des seins !
— Des seins, de bons petits seins, des seins !

Ah ! comme les seins juvéniles des fiancées auprès desquelles on marche en se penchant un peu sur eux nous excitent ! Ah ! l'infatigable excitation des longues promenades des fiançailles honnêtes !

*

Lorsqu'elles se signent et posent leurs doigts sur leur poitrine pécheresse, le signe de la croix se décompose, mais les seins se sanctifient. Le spectacle d'une femme qui se signe, marquant ses seins de la croix, est d'un charme raffiné. Les voir battre leur coulpe sur leur poitrine est aussi un spectacle grandiose. Quelques-unes se frappent les seins avec douceur, mais d'autres les frappent avec une telle violence que l'une d'elles, un jour, les a ainsi achevés.

*

Ce jeune homme ne cessait de jouer avec elle à faire sonner les seins et, pressant leur bouton, il disait :
    "Drin.
    Drin.
    Drin."
    Et, un jour, le timbre des seins se mit à sonner pour de bon.

*

Lorsque les seins nous fuiront, ils nous laisseront
les seins de la course, de la fuite, de vagues silhouettes de seins comme des traces de fumée.

ÉPILOGUE EXPIATOIRE

Après tous ces jeux, toutes ces explorations, après avoir touché la vérité frémissante des seins, l'expiation, la contradiction et la mise en pièces s'imposent.

Il faut jeter les seins à l'eau, dans un gouffre, à la mer. L'homme doit conserver sa paix et son indépendance.

Cette superstition des seins est la plus séculaire, la plus enracinée, celle qui nous berne le plus de toutes.

Les seins sont ce qu'il y a de plus superflu, de plus vide ; ils sont d'une essence vaine, ils sont froids, leur rondeur et leur substance sont comme du mercure.

Les femmes ne savent presque rien de leurs seins, et même lorsqu'on leur fait mal, dans le but obsédant de comprendre leur insensibilité, elles répondent pour la forme. Lorsqu'on les interroge sur leurs seins, elles ne savent que dire et, à les voir balbutier de la sorte, on est tenté de croire qu'elles se sont arrogé le droit de les arborer avec cette arrogance, simplement parce que les hommes, aveugles et ignorants, ont fantasmé sur eux. Les seins, à coup sûr, n'ont pas de réalité pour elles, ils ne sont que le fruit de nos illusions. Elles, elles sont inconscientes de leurs seins, elles n'en sentent même pas le poids.

Elles méritent que nous pensions que leurs seins sont deux bulles de savon prêtes à s'évanouir surtout lorsque, avec un fameux orgueil, elles se croient éternelles. Eternelle, une femme, avec sa légèreté et sa cruauté ! Quelle incroyable prostitution !

Il est dur de dire cela, mais il le faut, comme revers de tout ce que j'ai dit jusqu'ici. Ce sont de stériles bourgeons que nous voudrions couper car, promettant sans cesse la fleur, ils ne fleurissent jamais. Mais ce ne sont que des outres vides ou, au mieux, emplies de saindoux !

Il est inutile d'essayer de les convaincre, ils resteront toujours étrangers, et la femme elle-même, quand elle les regarde du coin de l'œil, dans ses moments de solitude, les sent tout à fait étrangers. Ils sont sans doute comme le lotus qui, tout en fleurissant sur l'eau, ne la frôle même pas.

Ils sont irrésistibles comme un raisonnement féminin et, au moment où ils exigent qu'on leur consacre plus de temps que celui de la possession, ils abusent déjà ; à ce moment, monte instinctivement en nous une sourde colère qui, un jour, se traduira par une vengeance. Oh ! si la vie ne devient pas plus facile, elle leur sera bien amère, c'est inévitable !

Nous avons trop touché les seins, nous les avons trop pincés et, à vouloir nous en rassasier, nous n'avons pas trouvé une pâte douce, compacte, moelleuse, suave et heureuse, mais au contraire quelque chose d'âpre et de rude au toucher, quelque chose où nous avons senti les tuméfactions internes, les tubercules, les nœuds, quelque chose de très matériellement et non idéalement charnel, de la viande grossière, des tendons, des creux, des abats. Rêvant uniquement de la placidité des seins, nous sommes tombés sur ce mélange fatal, cette révélation de la matière brute, de la matière charnelle, pleine de nerfs, hétérogène, grossière et épaisse qui remplit leur vacuité.

Les seins n'existent peut-être pas en soi, les seins ne "sont" pas, les seins ne sont peut-être que le fruit de nos illusions.

Les seins sont en quelque sorte sourds et muets, sans imagination, sans intelligence ni sensibilité, ces seins qui ne sauront jamais à quel point un homme est capable de les louer et un autre pas. Leur injustice sera toujours énorme.

Il y a peut-être des seins qui ont une âme, mais très peu et, même chez ceux-là, l'âme est parfois introuvable. Et comme ils sont affolants, les seins dotés d'une âme ! Tous les hommes sont possédés par la jalousie en voyant celui qui réussit à les emporter, car les seins qui ont une âme ne peuvent être conquis n'importe comment et savent punir à jamais la moindre erreur de stratégie.

Les seins sont de vulgaires cataplasmes, des cataplasmes que les femmes portent toute leur vie, comme des cataplasmes de farine de lin qui, refroidis après usage, deviennent répugnants et bons à jeter.

Tous les seins sont vains, mais plus encore ceux qui sont d'une blancheur vertueuse, ceux qu'elles ne cèdent pas comme si elles en étaient les propriétaires alors qu'ils ne sont que des fruits de la nature qui suit sa loi en en faisant don, gratuitement et généreusement. Vraiment, s'ils exigent plus que le jour de leur cueillette, il faut les laisser tomber !

C'est pourquoi la femme orgueilleuse de ses seins a quelque chose de monstrueux, et son antipathie blesse nos pensées les plus sincères. Patience, cependant, et attendons au balcon pour voir passer et repasser les seins orgueilleux, ils ne tarderont pas à se liquéfier et à tomber, stérilisés et asséchés par la vive chaleur de leur orgueil. Méprisable femme que celle qui n'a d'autre orgueil que celui de ses seins et qui ne fait rien pour avoir un intérêt plus élevé ! Comme nous sourirons quand elle passera sous notre balcon, avec ses seins déliquescents !

Nous n'avons étreint que le vide. Quelle contrariété, quelle bêtise ! Mais nulle stupidité n'était plus urgente à mettre en lumière, puisque toute urgence est tout aussi inutile et arbitraire.

Je les ai traits jusqu'au sang, jusqu'au vide. Mais désormais, en les prenant, après toute cette réflexion et cette fantaisie, nous saurons au moins un peu mieux ce que nous prenons. Nous nous sentirons plus calmes et plus à l'aise. Il faut plonger tête première dans les choses pour en ressortir calmés. Nous ne serons plus la proie de ces ardeurs cruelles et excessives. Nous sommes allés aussi loin que possible mais, au retour, nous aurons une vision plus nette des choses, nous regarderons mieux les paysages et en jouirons mieux, guéris de l'illusion attachée à un seul objet, nous apprécierons mieux l'ensemble et l'infinie variété des choses. Nous serons plus libres et plus mûrs après avoir épuisé la fantaisie des seins, après les avoir observés dans tous les sens et avoir envisagé minutieusement toutes les hypothèses. Riches de plus d'expérience, nous acquerrons plus de fermeté, un sourire plus sceptique aux lèvres après ce spectacle qui nous a enchantés et désenchantés. Soyons au-dessus d'eux, expions l'intérêt excessif que nous leur avons porté et la fièvre qu'ils nous ont causée, et enfin, au-dessus de toute chose, plaçons la maîtrise de notre âme singulière et inaliénable.

POST-SCRIPTUM

"Sur la colline de ses seins", aurais-je voulu dire, mais j'ai été incapable de le caser tout au long de cette œuvre. La sincérité requise pour chaque cas exigeait d'autres mots et m'embrouillait.

Parvenus au bout du chemin, comme un dernier souffle de la phrase secrètement retenue pendant tout ce temps, allons-y de notre phrase : "Sur la colline de ses seins."

Cette phrase m'aurait toujours manqué même si d'autres ne m'ont jamais manqué, car rien de ce qui s'écrit ne s'écrit sans préméditation, avec beaucoup de temps devant soi – cette horreur d'écrire pour écrire ! –, une balance d'orfèvre à la main pour y peser chaque mot.

AUTOUR DES SEINS

Une brève pause pour dire un mot de l'histoire généalogique, anecdotique et universelle des seins. Il existe peu de textes dignes de figurer dans une éventuelle anthologie des seins, et c'est peut-être parce que je n'ai pas trouvé de bréviaire valable en la matière que j'ai écrit ce livre.

Cela peut paraître incroyable mais les Orientaux, qui n'ont pas ménagé leurs louanges à l'adresse des femmes, s'arrêtent à leurs joues, à leur bouche, à leur gorge et, de là, passent directement à la taille.

Les vieux *romances* * espagnols ont un caractère beaucoup plus chrétien que maure dans leurs éloges des seins – les tétons – car Dieu ne peut châtier celui qui loue un objet créé par Lui d'une si éminente beauté et qui s'élève, par-delà la chair, jusqu'à la spiritualité la plus éthérée.

En fait, ils sont restés longtemps en deçà d'une représentation neuve et audacieuse, dans l'attente

---

* Le *romance* est une composition poétique formée d'octosyllabes dont les vers pairs sont assonancés et les impairs libres.

d'une purification par l'Art qui élève jusqu'aux sphères du religieux ce qui, sans lui, est abject.

Devant ce délire que peuvent provoquer les seins, les psychiatres croient que l'amour que nous leur portons tient au souvenir de nos nourrices. Erreur !

Seuls les seins, comme les étoiles, possèdent une palpitation qui leur est propre, et le langage – cette merveille de l'âme – atteint le sublime lorsqu'il dit le mot "seins" et le transforme en l'associant à mille autres, qui ont l'air de ne pas y toucher, car tous les mots ont été créés pour contribuer à dire la douceur des seins.

Ce sont les heurtoirs du paradis, fragments de ciel blanc et poudré – tendres stalactites de l'aube blanche –, deux seins nourriciers, deux magnifiques perles rares.

Dans le recensement que j'ai fait des textes annonciateurs qui les concernent, j'ai supprimé les vers qui les dépeignent comme ennemis l'un de l'autre parce que j'ai réussi, pour ma part, la gageure, dans cette seconde partie de ma vie, de réunir et mêler ces deux fraises dans une même meringue.

Mais allons plus avant dans l'examen de leurs maigres antécédents littéraires, et que le service postal porte des exemplaires de ce livre tous azimuts, car l'aréole ou l'auréole qui orne leur pointe est comme la marque du cachet de la poste, l'empreinte la plus légale qui soit de l'affranchissement réglementaire.

*

Properce a chanté une de ses nuits d'amour comme personne :

Tantôt elle luttait contre moi, son superbe sein décou-
*   vert,*
Tantôt elle s'obstinait à le couvrir de sa tunique par-
*   fumée,*
Et après, quand le sommeil, à la fin, triompha de
*   mes paupières,*
Elle me réveilla, les caressant de ses fraîches et divines
*   lèvres !*
— Comment, s'exclama-t-elle, et tu peux dormir aussi
*   tranquillement ? Ah ! comme nos bras s'entrela-*
*   çaient, formant divers nœuds !*
Comme mes baisers s'attardaient à ses lèvres !
Mais… pauvre de moi ! L'obscurité corrompt les jeux
*   de l'amour !*
Crois-moi, les yeux sont les meilleurs guides dans les
*   transports enthousiastes !*
Si tu m'accordes d'autres nuits comme la nuit passée,
Un an de vie sera trop long *.

* Le texte de Ramón est une traduction assez libre de quelques vers empruntés à l'élégie xv du livre II de l'œuvre de Properce. Nous avons tenu à rendre compte de sa "manière", dans l'établissement de la traduction française. Il en est de même pour l'extrait du *Cantique des cantiques* que nous avons traduit à partir du texte espagnol, pour les mêmes raisons.

*

Anacréon soutenait que, pour être belle, la poitrine d'une femme ne devait pas être plus volumineuse que deux œufs de tourterelle.

Hébé, d'après la tradition, réunissait en elle tous les canons de la beauté, mais elle n'avait que quatorze printemps, ses seins pointaient à peine, ce dont Junon se rendit compte, et elle le dit à Vulcain qui, se servant d'une coupe d'or, l'appliqua sur l'un des seins de Vénus et, en orfèvre qu'il était, chantourna et modela le métal selon cet hémisphère parfait ; puis, prenant une autre coupe, il fit un second moulage et appliqua les deux moules à Hébé qui eut ainsi bientôt les plus beaux seins du monde.

Cette ingénieuse trouvaille passa de la Grèce à l'Inde et seules les bayadères persistent à l'utiliser.

*

Dans le *Cantique des cantiques* de Salomon, on peut lire sur les seins les pensées les plus passionnées :

L'Epoux dit :

> *Tes seins sont des frères jumeaux,*
> *Les petits faons d'une chevrette*
> *Que tu pais entre les iris*
> *Les plus blancs et resplendissants.*

O toi, mon épouse adorée !
Comme admirables sont tes seins,
Et plus savoureux que la crème,
Plus délicieux que des bonbons !

Ni le nard ni le cinamome,
Ni le safran du désert,
Ni la myrrhe la plus suave,
N'embaument plus que tes seins.

Tes seins tout petits et serrés,
Sais-tu à qui je les compare ?
A deux tout petits faons jumeaux
Que leur maman a cajolés.

Et ta silhouette ressemble
A un palmier de ce coteau,
Et tes seins ressemblent à deux grappes
De belle allure et beau volume.

Je monte à ce palmier, lui dis-je,
Je cueille le fruit de ma main,
Et sur les grappes de la vigne,
Je pose ma lèvre amoureuse.

L'Epouse :

La vigne nous visiterons
Demain matin, tout doucement ;
Nous verrons si dans le jardin
Les grenadiers sont bien en fleur ;
Là je te donnerai mes seins,
Car c'est pour toi que je les garde...

Les classiques espagnols se sont penchés sur les seins avec insistance, et avec une entière liberté.

Lope de Vega les a chantés ainsi :

> *Un insolent atome vivant piqua*
> *Les seins blancs de la belle Léonore,*
> *Grenat sur des perles, laboureur sur une rose,*
> *Bref passage de la dent incisive.*
> *Soudain inquiète, elle se baigna, mécontente*
> *Et, en écrasant cette vie turbulente,*
> *Prit deux revanches en un seul châtiment.*
> *En expirant, la puce dit :"Malheur !*
> *Pour un si petit mal, une douleur si forte !"*
> *"O puce, lui dis-je, tu as eu de la chance,*
> *Retiens ton âme et prie donc Léonore*
> *De me laisser piquer là où tu l'as piquée*
> *Et j'échangerai ma vie contre ta mort !"*

*

Quevedo les célèbre dans un sonnet qui commence ainsi :

> *Cette nuit, Lisida, j'ai rêvé…*
> *Oui, ce n'était qu'un rêve… que chez moi*
> *Tu venais te coucher dans mon lit*
> *Et que l'amour par la main te tenait.*
> *Tirant un trait de son carquois, le dieu*
> *Défit de ton voile le nœud étroit,*
> *Libérant tes seins fermes et blancs*
> *Qu'en de doux baisers j'adorais.*

*

Les seins des Espagnoles respectent tous les canons de la beauté et infligent un démenti à ce que la comtesse d'Aulnoy a pu inventer ou dire de façon mensongère : "La principale beauté des Espagnoles consiste «à ne pas avoir de seins» et, très tôt, elles prennent des «précautions pour les empêcher de se développer». Dès qu'ils commencent à gonfler, elles les recouvrent comme d'une chape de plomb, s'emmaillotant comme on emmaillote «les enfants au sein»."

Evidemment, il y eut un temps où l'on prêcha contre la nudité des seins, la tenant pour péché mortel, mais la secte des "mamillaires" réagit contre ces mises en garde ainsi que d'autres sectes ana-baptistes qui prirent, pour défendre le baiser, le nom de "baisiaires" ou d'"osculaires".

Au sujet de l'acte qui consiste à montrer ses seins, Bernardino de Bustos dit : "C'est un artifice de prostituée, un piège du démon pour capturer les âmes et, à ce titre, il faut vigoureusement le bannir pour son indécence, comme un acte totalement illicite, car rien d'indécent ne peut être licite, la décence étant l'une des composantes essentielles de la justice. C'est pourquoi l'une des choses qui excluent du royaume des cieux est l'impudeur, comme le dit saint Paul aux Galates. Ce vêtement, donc, qui permet aux femmes de montrer leurs épaules et leur poitrine, est indécent, c'est un vêtement de prostituée."

J'ai envie de reproduire les vers de A. de Sous-maville, publiés en l'an 1664, et qui disent :

> *Ses seins d'ivoire si désirés*
> *N'ont de rivaux en aucune poitrine ;*
> *Ils sont durs et se tiennent fiers,*
> *Dressant leurs boutons rouges.*
> *Quand tu permets que je les touche,*
> *Je pense devenir fou !*
> *Mais quand tu me dis que ma main*
> *Ne doit pas les caresser,*
> *J'ai soudain envie de les insulter,*
> *Et ma colère ose leur dire :*
> *— Durs seins de neige !*

*

Dans l'ouvrage de Brantôme intitulé *De la louange des dames*, on trouve l'énumération d'une trentaine de belles qualités pour obtenir une beauté parfaite :

Trois choses blanches : la peau, les dents et les mains,
Trois noires : les yeux, les sourcils et les cils,
Trois rouges : les lèvres, les joues et les ongles,
Trois longues : le corps, les cheveux et les mains,
Trois petites : les dents, les oreilles et les pieds,
Trois larges : la poitrine, le front et la glabelle,
Trois fines : la bouche, la taille et la cheville,
Trois fortes : le bras, la cuisse et le mollet,
Trois minces : les doigts, les cheveux et les lèvres,
Trois menues : les seins, le nez et la tête.

*

Don Juan Nicasio Callego leur consacra de très beaux vers :

Donne-moi, belle Corila,
La lyre de l'amour qui résonne comme fanfare,
Donne-la-moi et je chanterai
De ton sein
Par la blanche main des Grâces créé,
L'exquise beauté qui égare mes sens.
Ton sein délicieux,
Nid heureux de magiques plaisirs,
Sur lequel le fils de Cythère
Imprima fièrement son amoureux baiser,
On se réjouit de le voir,
Lui qui, dans le passé, fut souverain du monde.

Quelle louange engloberait
La beauté sans pareille de son galbe,
La douce ondulation,
La fine carnation, la délicate fermeté ?
Et qui saurait peindre
L'attrait de son bouton lascif ?

La couleur de la fraise vermeille
Ne peut l'égaler,
Ni celle de la rose dépasser
L'iris virginal qui le cerne,
Ni le plumage du pigeon
Prétendre surpasser sa douceur !

Comme dans le feu de juillet
Le promeneur cherche le frais torrent,
Ou comme court avidement

Le jeune enfant vers le sein de sa mère,
Moi, pour le tien je soupire,
Et trouve en lui bonheur et consolation.

Toi, tu demandes faiblement à ma main audacieuse
De se retirer ;
De la pudeur souveraine
L'aimable rougeur baigne ton front,
Et tes yeux magnifiques
Des miens se détournent honteux.

Mais ma bouche brûlante
Marque avec ardeur de son sceau
Les deux pommes, et leur tendre chute,
Et la douce fossette, et la belle gorge,
Comme l'industrieuse abeille
D'une fleur à l'autre vole amoureusement.

Alors tout mon sang enflammé
Bouillonne en mes brûlantes veines
Et ma vue, éblouie,
Perçoit à peine ton doux émoi
Et j'exhale là même
Et ma vie et mon âme en chacun de mes baisers.

O sein étrange !
Source d'immortelles délices
Où les grâces célestes placèrent
Le plaisir divin !
Toi seul renfermes
Sur terre les désirs de mon cœur !
Laisse-moi donc baiser ce sein blanc et lisse,
Qui a dérobé au lait sa blancheur !
Comme il est haut et bien proportionné ! Quelle tenue,
Qui ne souffre pas la prison du corset !

*

Quelquefois l'écrivain – homme aux rancunes cachées – maudit tous les seins, pour se venger peut-être d'en avoir été obsédé, et il existe des dénigreurs de seins, en prose comme en vers, de cruels insulteurs, pamphlétaires des plus terre-à-terre.

Voici un choix de litanies dû à l'imprécateur Merot :

Seins maigres où il n'y a que puces, comme sur le chien chétif.
Seins de drapeau en berne, grands, larges et "affaissés".
Seins en bec de perroquet, recourbés et pointus.
Seins au bouton noir et sombre.
Seins qui ballottent de tous côtés sans qu'on les remue ou les touche.
Seins dégoûtants, les mains qui vous touchent doivent "avoir tout près d'elles une aiguière pour éviter de s'infecter".
Seins couverts de cicatrices et sans traces de victoires, "seins pendants, seins flétris".
Mouches dans le lait, pourquoi le diable vous fit-il si laids ?
Seins nobles comme des tripes.
Seins volés au centre d'une chèvre morte un jour de canicule.
Seins bons à allaiter en enfer les "enfants de Lucifer".
Seins, gouttières de toiture crevées.
Seins seulement dignes de pousser dans le dos "comme un fardeau ridicule et fatigant".
Quand je vous vois, je suis tenté de vous saisir avec des mains gantées, évidemment, et de me servir

*de vous pour souffleter cinq ou six fois le nez de
la femme qui vous "garde sur son ventre".*

Sygone, dans sa raillerie contre une vieille sor-
cière, dit :

*Ton estomac plein de vergetures pourrait parfaite-
ment servir de gril,
Ton ventre, de carte de région inconnue.
Et de tes seins ramollis, on pourrait faire une paire
d'escarcelles pour conserver l'argent ramassé au
bordel.*

Ils ne méritent nullement de si violentes diatribes
car ils sont pour le moins des vestiges de l'indicible, et toutes les femmes ne peuvent pas être des
Ninon de Lenclos ou des princesse des Ursins*,
qui les conservèrent lisses et maintenus par un fil
céleste jusqu'à soixante-dix ans.

---

* Allusion à la légendaire beauté de Ninon de Lenclos (1620-
1705), qui compta de très nombreux amants jusqu'à un âge
assez avancé, et à celle de Marie-Anne de La Trémoille, princesse des Ursins (1642-1722), qui joua un grand rôle dans les
intrigues de la cour de Philippe V, roi d'Espagne.

Ce livre a été écrit avec toute l'intuition de la jeunesse ; à le relire, après avoir acquis une vaste expérience, je crois avoir fait ce que je devais faire en célébrant à pleine voix la beauté indicible des seins, qui sont ce qui élève le plus suavement la femme au-dessus de la bête, car seule la sphynge a osé avoir des seins comme elle.

Le voluptueux dont la sensibilité est vive, le voluptueux qui peut parler de ses expériences accède au saint des saints : un chant du plus pur enchantement.

C'est sans doute la raison pour laquelle j'ai intitulé le deuxième livre que j'ai publié presque enfant : *Morbideces* *, un recueil de confidences empreintes de spiritualité ; son titre évoque déjà l'idéalité des seins dont je n'ai osé que bien des années plus tard écrire le nom sacré.

---

* Ramón avait vingt ans quand il a publié *Morbideces*, il y écrit notamment : *"El leitmotive de los actos humanos es la voluptuosidad"* ("Le leitmotiv des actions humaines est la volupté").

Sanctificateurs du désir, ils constituent la plus grande des satisfactions qui aident à vivre.

De toute évidence, ils appellent à eux seuls un *Cantique des cantiques* qui célébrerait clairement l'obsession du jeune homme, l'indéfectible espoir de l'homme, même en sa vieillesse ; c'est pourquoi les familles les plus bigotes mettent chez elles, de préférence, des tableaux où l'on voit un martyr des temps anciens, condamné à la faim et à la prison, se presser contre les seins de sa fille.

Dans les seins s'abrite toute l'âme féminine, et celui qui s'élève d'un seul élan jusqu'à eux approche la femme avec un romantisme qui peut devenir amour courtois, relation fidèle et durable jusqu'à la mort.

J'ai essayé d'adoucir et d'affiner mon style comme les mystiques, mais sans trahir le trouble juvénile qui ne disparaîtra jamais de ce bas monde.

Je sais que j'ai été entièrement saisi d'une lumineuse ferveur et que je n'ai éprouvé nul repentir tandis que j'écrivais mes litanies, car les mots que je traçais étaient consacrés à l'Art et à la Vie.

Prières sincères d'un désir qui perdure en moi, parce que je crois que si j'ai vraiment atteint à la métaphysique, c'est uniquement grâce à eux qui, en pleine réalité, demeurent irréels.

Les sentiments masculins retrouvent leur droiture et obtiennent le salut par le dépassement de l'idée de seins, car c'est uniquement grâce à eux que l'on s'élève au-dessus de la pornographie.

Ce qui est paradisiaque, ce qui n'est pas réalisé, ce que révèle le rêve, ce qui fait se révolter l'homme contre l'éphémère, ce qui lui permet de ressentir une caresse de l'âme dans l'âme, cela se trouve dans les mystérieux seins où la délicatesse de la matière se transcende tout en maintenant intact son secret.

Je sais fort bien que si, aujourd'hui, je refaisais ce livre, j'y mettrais plus de mots encore, je trouverais de plus étranges nuances mais, ce faisant, j'affaiblirais cette intrépidité qui m'a lancé sur ce chemin sans compromis, le périlleux chemin de la Voie lactée.

Avec une ardente soif juvénile et une foi en la femme que je n'ai jamais perdue, je buvais dans le creux de ma main l'eau dont la forme s'évanouit dans l'instant par les fentes de la main entrouverte. Nous ne sommes que de misérables sculpteurs d'eau !

C'est un livre qui oriente, tel un signe de piste qui comporte le nom et les points de repère du village où se trouve un trésor.

Les seins signifient le divin sensible proche de la pensée, et il suffit que soit signalé leur lieu par le bouton féminin pour qu'ils soient essentiels.

Ils sont la magnifique poignée dorée qui ouvre sur une demeure où se réunissent la vie et la mort.

Etre le maître de seins beaux et sensibles vaut mieux que d'avoir du génie.

Arpèges matérialisés, signes avant-coureurs du bonheur, ils sont l'unique ancrage sensoriel d'un au-delà paradisiaque.

La langue déploie tout son style devant eux et meurt, inutile, car s'ils s'envolent, ils deviennent insaisissables.

Leur lyrisme est une véritable épure, ils sont l'unique main avec laquelle la Nature veut nous sauver de l'anéantissement final, nos uniques bouées flottantes quand nous partons à la dérive.

Ils ne pouvaient donc pas échapper aux spéculations de la parole heureuse et libre.

La fureur qu'ils éprouvent devant l'indifférence à leur égard est comparable à celle de l'oiseau à l'égard de celui qui a touché dans son nid les œufs qu'il couvait.

Ils sont comme la cupule vue de dehors, l'ombelle secrète, le datura anatomique, ce qui est déjà mort et, cependant, vit.

Toute la danse, le plus exquis de la danse, ce sont des seins danseurs.

Renoir l'a déjà dit de façon bien sentie : "S'il n'y avait pas de nichons, je ne peindrais pas."

Quand les poètes font allusion à la mort, ils l'appellent "la sans-seins".

Seul le génial Créateur pouvait donner forme à de si douces chimères.

Les seins sont les bouées de sauvetage de la mort. Nous ne pourrons nous sauver qu'en nous agrippant à l'un d'eux.

Cette chose qui s'affaisse lentement malgré son poids, c'est la preuve de la douceur de la matière, de ce qui est au-delà du sensuel, du sensoriel.

Lorca imagine "les seins dorés des Cubaines" et les seins "de verre rayé" des filles publiques.

J'en suis arrivé à croire que les guerres, les révolutions, la politique, toute violence qui se dissimule, ne font qu'essayer de récupérer quelques seins comme butin pour marquer leur victoire.

On dirait que les seins blonds des blondes et les seins blancs des brunes vont parfois se fondre, mais ils ne le font jamais. Pauvre femme, celle qui n'a qu'une ombre de seins, le cyprès de ce qui est mort-né.

L'appel des seins est parfois trop orgueilleux, mais alors la vie les interrompt dans leur superbe et leur mouvement, et ils demeurent, tels des jouets morts sur lesquels pleure une petite fille.

Presque tous les seins sont frigides, mais si l'on parvient à conquérir des seins qui savent jouir, l'au-delà du plaisir est atteint. C'est la plus grande chance de la vie, une découverte sublime et tout le reste n'est que péché et brutalité.

On ne sait comment parle une femme que lorsque ses seins savent parler.

Le sein aux aguets répond, il a reçu de la divinité une autorisation spéciale pour que délire et pensée soient tout proches. Il n'en faut pas davantage. L'amour est à son comble. Plus de vaines manières de la part de la femme, elle se laisse dire les mots d'amour les plus profonds, et l'on entend sa réponse délicieuse. Trésor, véritable trésor !

Seuls ne répondent pas les seins au timbre mort où l'on ne trouve, tout au plus, qu'une réponse de douleur.

Le chemin des seins est long, long, il y faut beaucoup d'attente, des années perdues dans l'attente ; mais si l'espoir est grand, un jour survient l'inouï.

Ils étaient sur leur réserve et on parvient à la leur faire perdre.

Le miracle est lent mais sûr. Dans leur nymphéa de soie, s'entendent les voix de l'aube et de la nuit réunies, refusant de se désenlacer, accrochant les jours les uns aux autres comme en un simulacre d'immortalité.

En eux est la parole comme avant la naissance du monde, et la coupe qui leur servit de modèle est comme avant d'avoir été durcie, quand il n'y avait pas encore d'envers de coupe, qu'elle était l'origine de tous les coquillages de nacre.

Nous accédons à la maturité lorsque nous découvrons le plus parfait calice où peut se résumer le vécu et ce qui ne put se vivre, ce que l'on a cherché en vain.

Tous n'étaient déjà plus personne, c'est-à-dire qu'ils n'étaient que cette ombre blanche et surnaturelle à la réponse profonde, qui disait ce que ne peut dire le nuage, ce que dit peut-être l'étoile, mais que l'on n'entend pas.

Seins lustraux, correspondance de l'au-delà avec l'ici-bas, fonts baptismaux bénis dans le calme, en leur délicatesse ils rejoignaient l'amour et le sauvaient en flottant dans le ciel.

Toutes les paroles ronflantes ou emphatiques s'avèrent indécentes face à ces coins d'autel où l'amour se tient en prévision de l'au-delà.

Que l'on penche vers le ciel ou vers l'enfer, l'essentiel est qu'ils offrent une prise qui, seule, sauvera d'une chute infinie.

Ils imposent le silence autour d'eux et sont seuls à parler, et par l'échancrure on devine où s'est cachée leur âme, où elle demeurera toujours et par où elle ressuscitera.

Tous les efforts sont vains pour dire ce que l'on a fait dans la vie jusqu'à ce que la flèche de la parole atteigne la cible et que, dans l'ombre, s'entrouvrent les galeries du patio.

Comme vaines auront été toutes les paroles, telles des roses de cire tôt brisées !

Ce qui se passe avec eux, c'est que les ronds que font les mots en tombant dans l'espace, au lieu de s'éloigner de leur centre au fur et à mesure, se concentrent pour ne s'arrêter que lorsque, amoncelés, ils forment le petit casque de l'âme, sa cloche de verre.

Grâce à eux, nous connaissons enfin des secrets qu'il semblait impossible de connaître jamais, ainsi de l'angle intime où se rejoignent les parallèles.

Peu importe qu'à l'instant de la découverte s'éteigne la lumière, car ils demeureront, tels des joyaux flamboyants, des agates non encore devenues pierres, des fruits qui parlent au moment de céder à la loi de la pesanteur, des lueurs dans le noir qui est notre lot.

Horace les a vantés et définis génialement :

> *Que le creux de la main caresse*
> *La rondeur du sein, sa palpitation,*
> *Hémisphère d'amour, monde arrondi*
> *Réduit à la dimension du baiser.*

Novalis a pour eux des paroles sublimes : *Le sein est la poitrine élevée à l'état de mystère, la poitrine moralisée.*

Il y a dans les seins un souvenir de ceux qui, les premiers, naquirent du marbre.

Au milieu de tout le hâle de la peau, quelque chose blanchit, de la blancheur du pain, et c'est un sein.

En eux tout le poids de la nature, de l'air, et de l'art.

La vie est éclairée par les lampions des seins.

Les épaules sont la coquille des seins.

Il ne fait aucun doute qu'avec eux Dieu a voulu donner dignité à la figure de la femme ; c'est pour cela qu'Il les a placés tout en haut de la poitrine et les a faits glabres.

Renversés et pendants, ils sont comme l'entonnoir par où sont filtrées et passées les délices de la vie.

Ce sont les ventouses du désir pour elle et pour lui.

Dans l'un des seins, on sait déjà que se trouve le cœur, mais dans l'autre ? Dans l'autre se trouve l'âme.

On peut ressentir tous les désirs face à eux, jusqu'au désir qu'éprouve le poète moderne devant ceux d'une adolescente, de les casser avec une petite cuillère comme s'il s'agissait d'œufs durs.

Les seins idéalisent le péché et c'est pourquoi il est moral de voir les seins des Vierges, portés haut comme si les grands peintres avaient voulu les faire jaillir de leur gorge.

Quand le sculpteur voit apparaître le sein dans le marbre, il croit qu'a eu lieu un miracle ; c'est qu'il apparaît sans aréole, cette ombre violette de la plaie d'amour.

Les seins sont les deux grandes larmes que verse la beauté sur sa fugacité.

Pendules figés ou animés d'un seul mouvement comme s'ils n'allaient plus jamais le reprendre, ce sont les présages de la mort caressée.

La nature est polymaste, et même Napoléon a tout fait pour trouver, au terme de ses victoires, des seins comme borne du monde qui finira quand disparaîtront les deux derniers seins, telles les deux voûtes du mystère et du repos.

Les seins qui répondent sont des baisers entre le fini et l'infini, les tours de clé dans la porte de la resserre de joie, le plaisir serein d'avoir, au milieu de tant de simulacres et de momies, déjoué les ruses des ombrelles, abandonné les loges, fui les plages froides où se baignent les traîtresses.

L'index de tous les seins de bazar déjà s'éloigne dans le passé, la couverture est refermée, et ce livre est présenté pour la dernière fois.

Traduction : Robert Amutio

TABLE

BABEL

COÉDITION ACTES SUD – LABOR – L'AIRE

Ouvrage réalisé
par les Ateliers graphiques Actes Sud.
Achevé d'imprimer
en décembre 1994
par l'Imprimerie Darantiere
à Quetigny-Dijon
sur papier des
Papeteries de Navarre
pour le compte
d'ACTES SUD
Le Méjan
Place Nina-Berberova
13200 Arles

N° d'éditeur : 1681
Dépôt légal
1re édition : janvier 1995
N° impr. : 94 - 1055